阿多诺"否定的辩证法"研究

付威 著

中国纺织出版社有限公司

内 容 提 要

本书探讨的核心问题是如何正确理解阿多诺"否定的辩证法"问题。阿多诺"否定的辩证法"是相对传统的辩证法性质而提出的,传统辩证法受形而上学的同一性思维方式所制约,主要表现在黑格尔的同一性辩证法之中。本书从现代否定的辩证法的理论渊源展开,首先对德国古典哲学、现代哲学及法兰克福学派的辩证法进行了内在的梳理;其次着重分析了现代背景下阿多诺"否定的辩证法"的理论指向、核心价值及其历史转向,并在此基础上分析了阿多诺"否定的辩证法"的学术价值与理论局限。

本书适合高校专业师生及相关研究者使用。

图书在版编目(CIP)数据

阿多诺"否定的辩证法"研究 / 付威著 . –– 北京:中国纺织出版社有限公司,2023.4

ISBN 978–7–5229–0343–9

Ⅰ . ①阿… Ⅱ . ①付… Ⅲ . ①阿多诺(Adorno, Theodor Wiesengrund 1903–1969)– 否定(哲学)– 辩证法 – 研究 Ⅳ . ① B516.59

中国国家版本馆 CIP 数据核字(2023)第 026566 号

责任编辑:华长印 王安琪 责任校对:高 涵
责任印制:王艳丽

中国纺织出版社有限公司出版发行
地址:北京市朝阳区百子湾东里 A407 号楼 邮政编码:100124
销售电话:010—67004422 传真:010—87155801
http://www.c–textilep.com
中国纺织出版社天猫旗舰店
官方微博 http://weibo.com/2119887771
北京华联印刷有限公司印刷 各地新华书店经销
2023 年 4 月第 1 版第 1 次印刷
开本:710 × 1000 1/16 印张:9.75
字数:141 千字 定价:98.00 元

序言

在国内学界的语境中，辩证法是被大家熟知且使用率很高的一个概念，但它在西方哲学发展的历程中是命运多舛的，直至19世纪初，黑格尔才真正地树立了辩证法的理性权威。但没过多久，它又再次面临被批判和解构的命运，阿多诺就是西方现当代哲学中解构黑格尔辩证法的急先锋。因此，要了解辩证法在西方现代性中的遭遇，我们有必要预先讨论一组辩证法中的核心命题，即辩证法的肯定性与否定性。

在古希腊的本体论哲学中，辩证法指向了人类理性追求本体、形成真理的哲学方法，苏格拉底将辩证法视为在人类心灵中产生真理的"助产术"，柏拉图则将其作为理念进入人心灵的"回忆"等，应该说，辩证法作为人类通达本体的理性方法，当然是具有肯定性意义的。同时，"辩证"一词也经常性地出现在古希腊的其他哲学流派中，它的基本含义指向了主体思维中的"矛盾"。如在爱利亚学派芝诺的悖论中，"辩证"就是人类理性不能把握感性世界中的"一"和"多"，否则就会在人类思维中造成"两个相反命题同时成立"的思维矛盾。智者学派中高尔吉亚也是在这个意义上使用"辩证"一词的。显然，这里作为思维矛盾的"辩证"是具有否定性意义的，这就为辩证法蒙上了一层不确定性的否定阴影。所以说，辩证法在古希腊哲学的开端就同时包括肯定和否定的双重内涵，正是这种彼此对立内涵的分裂性，使得在西方近代哲学的发展进程中，辩证法一直要背负着为自己的肯定性"正名"的哲学使命。

事实上，这个"正名"的思想进程并不顺利，即使在哲学发展到康德的先验哲学时,"辩证"仍然是在否定性上被使用的,即辩证法指的是当人类运用有限知性范畴去对无限对象形成知识时,那么在人类的思维中就必然造成思维矛盾的"推理谬误"。可以说,直到黑格尔的出现才真正地洗刷掉了辩证法作为思维矛盾的否定性"罪名",树立了辩证法以辩证逻辑来把握绝对理念真理全体性的理性主义权威,辩证法成为那个时代人类获得真理的唯一方法,确立了辩证法与本体论和认识论的"三者统一"原则。应该说,我们国内学界对辩证法的通常理解范式就源于此。

随着黑格尔的去世,辩证法与黑格尔的思辨哲学一样,面临着被批判、被否定和被转向的历史宿命,这其中也蕴含着对黑格尔辩证法是具有肯定性、还是具有否定性的理论裁决。我们以大家较熟悉的两位哲学家为例来说明这个问题,一个是晚期的谢林,另一个则是马克思。晚期的谢林认为黑格尔的辩证法看似达到了否定之否定的肯定性哲学,但它仍然是通过不断地否定现实的各环节来达到绝对精神的最终完满性,如此,黑格尔哲学的肯定性只是表现在结果上,而无法保证哲学在开端上的实在性,所以说黑格尔哲学实际上仍是否定性哲学,谢林晚期的启示哲学就是要逆转黑格尔哲学的这种否定性,将哲学的基点建构在大全本体的开端之上;与谢林的路径不同,马克思因袭了黑格尔辩证法中"环节否定"的合理内核,并将其作为剖析和批判资本主义社会现实的理论工具,坚决维护了黑格尔"否定辩证法"的理论权威。当然,谢林与马克思之间的最大分歧在于:前者是纯粹理论上的批判,而后者则是实践层面上的社会现实批判。在我看来,阿多诺的否定辩证法中也同时包括着纯粹理论和社会现实的双重批判之维。

阿多诺在辩证法方面的理论贡献大体上包括两个方面:一是他指出了黑格尔辩证法虽然具有环节上的否定性,但总体上仍然是建立在同一性思维立场之上的,绝对理念作为一个"同一"旨在始终贯穿于其现实化的各个环节中,这是典型的西方传统本体论思维方式,这才是黑格尔辩证法必须被现代性解构的深层次理论原因;二是阿多诺并没有停留在纯粹理论批判之上,而是将批判的矛头指向了资本主义社会文化和意识形态,认为在这个现实领域中同样充斥着崇尚同一、消除个性的本体论思维实践,因此,批判和破除资本主义社会意识形态的同一性自然成为实现个体自由的根本出路。这样,我们可以得出一个结论就是：阿多诺是以个体真实的肯定性瓦解了黑格尔的本体肯定性，让其否定辩证法建立在具体个性自由的根基之上，从而让辩证法在现代性的哲学语境中再次"出场"成为可能。同时，阿多诺又将辩证法的否定性引入批判资本主义的现实之域，让辩证法仍然保持着"照亮现实"的否定性。

21世纪以来，国内学界有关阿多诺的理论研究持续升温，其中产生了大量有深度的学术成果。就阿多诺的辩证法研究而言，很多学者都将阿多诺的否定辩证法作为黑格尔和马克思的对立面，他们在认同阿多诺批判黑格尔同一辩证法的同时，也指出了他对马克思实践辩证法的否定。当然，这种看法本身无可厚非，但很难说是否全面。我相信，这部专著的出版，能够为国内学界再贡献一部专门研究阿多诺否定辩证法的学术力作。同时我更期待，该专著的出版会引发更多学界同仁的关注，将阿多诺"否定的辩证法"研究再引向深入。

叔贵峰

2022 年 8 月 11 日于沈阳

前言

　　阿多诺"否定的辩证法"是在当代哲学的发展背景下，结合时代精神的现实条件的变化，针对传统的辩证法性质而提出的。历史上的传统辩证法受僵化、凝固的形而上学的同一性思维方式所制约，主要表现在黑格尔哲学关于同一性的辩证法之中。本书从现代否定的辩证法的理论渊源展开，首先对德国古典哲学、现代哲学及法兰克福学派的辩证法进行了内在的梳理，进而着重分析了现代背景下阿多诺"否定的辩证法"的理论指向、核心价值及其历史转向，在此基础上认真探究了阿多诺的"否定的辩证法"思想，并分析了在新的历史条件下阿多诺"否定的辩证法"的学术价值与理论局限。

　　在阿多诺看来，黑格尔克服了旧的形而上学知性思维，突出了思维与存在的基本原则，并力图在此前提下坚持辩证法的立场，尽管这种将矛盾和差异性引入其中的做法并没有逃脱"同一性"思维的限制，而是用概念的辩证运动彻底解决了思维与存在的同一性问题，并在绝对精神中达到了理性的绝对自由。但是，黑格尔所追求的绝对自由仍然是抽象的、整体的、虚幻的自由，其结果造成了一般对特殊、普遍对个体的压抑。据此，同一性辩证法所追求的自由是一种虚假的类自由。阿多诺认为导致这种虚假的自由的根源是传统辩证法中同一性的概念，阿多诺就是要通过重新解释概念的方式来反对传统的同一性辩证法。他首先从反对第一性的思维方式开始，第一性是同一性哲学的基础，无论采取何种方式确立了绝对的第一之后，便将第一性所面对的东西予以消除，最终的目的就是要实现同一性的哲学。进而，阿多诺主张非同一性的思想，坚持客体对主体的优越，以反对主客体第一性的思维。这样，就避免了第一性或主体向概念的复归。但这种客体性始终作为辩证法当中的一个要素而存在，客体优先性原则的确立意味着同一性辩证法当中主体与客体之间调和的失败。最后，阿多诺认为主体和客体可以统一，但这种统一是通过"星丛"的方式来完成的，"星丛"的作用便是将概念所割舍的部分聚集起来将其置于概念的外部，使其以一种对立的不相整合的并列形式而呈现。阿多诺之所以用"星丛"阐释概念的辩证方式，是为了试图将自由回归到感性层面。人类通过传统的辩证法所创造的逻辑、科学及其体系都是排除了异质性经验的东西而实现同一性的辩证法，阿多诺对同一性辩证法造成的科学、逻辑及其体系进行批判的目的是解决现实之中人类个体性的自由与解放。

阿多诺"否定的辩证法"在反同一性的理论基础上，用解构性批判方式将辩证法的批判性引向了对现实的深入。他将马克思对于社会制度的现实批判转向对文化的现实批判，认为文化及意识形态成为压制人们自由的主要方式，个体的解放要从资本主义的文化批判中寻求出路。这样，从辩证法自身的批判逻辑的现代展开的路径上看，马克思的实践辩证法是过渡到阿多诺"否定的辩证法"所必然经过的一个理论环节。当然，基于马克思主义哲学的视阈来重新审视阿多诺"否定的辩证法"，其理论本身仍然存在着一些局限性，如他所主张的"否定"是彻底的否定，不包含任何肯定的否定，导致了阿多诺的极端主义倾向；阿多诺"否定的辩证法"建立在"解构"的基础之上，走向虚无是它的必然理论归宿。

付　威
2022年10月

目录

第5章 阿多诺"否定的辩证法"的理论转向

第6章 阿多诺"否定的辩证法"的学术价值与理论局限

第 1 章

绪论

1.1 国内外研究现状

阿多诺在1966年出版的《否定的辩证法》中，以其晦涩诗化的语言着重批判了传统哲学孜孜以求的同一性即认识论上的主客体一致性哲学，并以客体优先性为基础，用非同一性星丛的模式打破主体的同一性思维，力图重建主客体关系。而这似乎并没有得到各个方面的肯定，《否定的辩证法》就这样沉寂，直到詹姆逊（Fredric R. Jameson）（译名在国内未完全统一，还有将其译为杰姆逊、詹明逊）在其《晚期马克思主义——阿多诺，或辩证法的韧性》一书中的观点引发了对它的复兴运动，这使阿多诺重新得到了各方学者的关注，其分歧的本质在于对阿多诺"否定的辩证法"是否重新构成了一种体系，阿多诺"否定的辩证法"的思想逐渐表现出其独特的理论价值与实践意义。它不仅为批判性力量提供理论资源，也使后现代主义在此获得思想的源泉，这便使其成为国内外学者据以引证的资源与评判的对象。

20世纪80年代，随着法兰克福学派传入中国，阿多诺的名字也逐渐被人熟知，阿多诺的著作也逐渐被译为中文。起初，学者们更倾向于对阿多诺美学理论与文化批判的研究，在阿多诺的美学批判与文化批判取得了一定的成果之后，学者们逐渐发现美学批判和文化批判是建立在阿多诺的《否定的辩证法》基础之上的，于是，一些学者纷纷以不同的形式对阿多诺的《否定的辩证法》进行深入的文本解读，到目前为止据本人所能检索到的国内关于阿多诺"否定的辩证法"方面的专著较少，仅有10本，研究论文有2400多篇，而关于阿多诺与马克思的理论关系问题的还没有研究性著作出版，大多都是在对阿多诺的研究中涉及与马克思主义哲学的关系，有研究论文近500篇。具我所收集到的关于阿多诺"否定的辩证法"研究的英文著作有5本，研究论文约有213篇。从其收集到的资料出发，从对阿多诺的"否定的辩证法"的研究的不同角度来看，在此关于阿多诺的"否定的辩证法"的研究可分为文本学的解读、辩证法的角度、人学的方式、形而上学等问题进行梳理。

第一，对阿多诺的《否定的辩证法》的文本解读。国内率先发起对阿多诺《否定的辩证法》进行文本解读的是张一兵，他在《无调式的辩证想象》当中，以逐章对应的方式对阿多诺《否定的辩证法》进行了细致的解读，并认为"阿多诺自己哲学话语的生长点是勋伯格新音乐中期的表现主义，这是一种有解构意味的无调性"❶。他还指出阿多诺"否定的辩证法"是一种"瓦解的逻辑"，他是对"全部'史前'人类思想发展中轴线——同一性逻辑的证伪。"❷张一兵认为阿多诺"否定的辩证法"以非同一性的思维方式变革了传统哲学凝固性的否定性的思想，以返还阿多诺写作历史语境的方式批判了整个资本主义制度，为我们进一步了解阿多诺的思想打下了坚实的基础。随之，他的学生张亮以《"崩溃的逻辑"的历史建构》❸继《无调式的辩证想象》之后再次对文本进行解读。不同的是这一论著的解读方式是通过对一手资料的掌握"阐明阿多诺思想的来源和变迁"❹，即对阿多诺《否定的辩证法》创作之前的一些重要的哲学文本进行了分析，他在论述过程中以还原历史语境的方法捕捉否定辩证法的逻辑线索及形成过程。在这一形变之旅中着重分析了影响阿多诺创作《否定的辩证法》以及形成这一思想的几个重要人物，并得出阿多诺早中期的哲学思想是构成否定的辩证法的理论来源的结论。由此阐述出了阿多诺哲学思想的发展脉络。这两部著作是国内最先对阿多诺文本进行的最详细的解读，这为以后的学者深入了解阿多诺的研究提供了一个重要的理论基础。这种文本学的解读方式难免会有缺陷与不足之处，容易拘泥于文本，无法跳出文本的理论空间达到对全局的把握。之后的一些学者分别从不同的角度对阿多诺《否定的辩证法》进行了解读。

第二，从辩证法的角度来解读阿多诺的《否定的辩证法》。从辩证法的角度来理解的有赵海峰的《阿多诺的"否定的辩证法"研究》❺，他从辩证法的角度

---

❶ 张一兵. 无调式的辩证想象 [M]. 北京：生活·读书·新知三联书店，2001：6.

❷ 张一兵. 无调式的辩证想象 [M]. 北京：生活·读书·新知三联书店，2001：57.

❸ 张亮. "崩溃的逻辑" 的历史建构——阿多诺早中期哲学思想的文本学解读 [M]. 北京：中央编译出版社，2003：1-350.

❹ 胡大平. 张亮著：《"崩溃的逻辑" 的历史建构：阿多诺早中期哲学思想的文本学解读》[J]. 学海，2005(1)：194.

❺ 赵海峰. 阿多诺的 "否定的辩证法" 研究 [D]. 哈尔滨：黑龙江大学，2001.

考察了辩证法的历史渊源、核心思想、阿多诺与后现代哲学的关系以及阿多诺的意义等方面。同时他还提到了与马克思实践的辩证法的关系，他认为阿多诺"否定的辩证法"继承并发扬了马克思以实践为基础的辩证法精神。尤其在他对辩证法的理解中认为否定的辩证法并不是阿多诺所固有的名词，在黑格尔哲学与马克思哲学当中都将辩证法的核心观点或内在精神视为否定性。于永坤在《传统辩证法的解构与批判的辩证法的重建——解读阿多诺"否定的辩证法"》❶当中的解读方法和赵海峰相似，他认为否定的辩证法是在传统辩证法的基础之上所提出来的，他将传统辩证法中所带有的僵化性与同一性哲学的强制性作为批判的起点，只有对传统的辩证法进行解构才能对强制的同一性哲学彻底的解构。于永坤认为阿多诺最终目的之所在并不是解构，而是在解构传统辩证法的同时又致力于对马克思主义批判辩证法的重建。王晓升在《阿多诺对唯物辩证法的重构及其启示——〈否定辩证法〉再思考》❷中站在丰富马克思主义理论体系的价值层面重新思考了阿多诺对唯物批判法的重构问题，唯物辩证法中的物质是不可以被消解掉的，要在认识论层面证明物质的第一性，并重新理解了否定辩证法，认为主客观辩证法是一种辩证法。陈燕在《个人与社会的辩证法：阿多诺社会理论研究》中从对个人与社会的关系梳理开始"表明心理机制对社会历史的过滤和中介作用"❸，并借用辩证法阐述个人与社会之间的关系及和解方式，同时认为社会理论批判的本身就是一种实践活动。与前面不同的是，在吴友军的《同一性批判：从否定的辩证法到肯定的辩证法——阿多诺"否定的辩证法"新解》❹中，对阿多诺"否定的辩证法"有了一个全新的解释，他认为阿多诺"否定的辩证法"有建构的成分在里面，以同一性批判为基础进而达到对传统肯定的辩证法的批判是理解阿多诺"否定的辩证法"的核心，但吴友军认为，阿多诺的"这种批判并不是否定所有的同一性"，它蕴含着对启蒙的拯

❶ 于永坤. 传统辩证法的解构与批判的辩证法的重建——解读阿多诺"否定的辩证法"[D]. 长春：吉林大学，2011.

❷ 王晓升. 阿多诺对唯物辩证法的重构及其启示——《否定辩证法》再思考 [J]. 山西师大学报，2020(4)：31–39.

❸ 陈燕. 个人与社会的辩证法：阿多诺社会理论研究 [M]. 北京：中国社会科学出版社，2014：2.

❹ 吴友军，牛洪顺. 同一性批判：从否定的辩证法到肯定的辩证法——阿多诺"否定的辩证法"新解 [J]. 哲学动态，2013(4)：30–38.

救，对新的肯定的辩证法的建构。阿多诺"否定的辩证法"有启蒙的意蕴在里面，其目的是为了获得个体的自由与解放。而关于阿多诺是否有对新的肯定的辩证法的建构有待于思考，阿多诺否定一切同一性原则，他反逻辑、反科学、反体系都是对传统辩证法及其同一性哲学的彻底解构。

第三，从人学角度来理解阿多诺"否定的辩证法"。吴友军在《批判的人学——对阿多诺〈否定的辩证法〉的本质理解》❶当中认为阿多诺的否定的辩证法的实质就是"批判的人学"，人以一种现实的不断生成的流变存在而展现。只有通过批判人的同一性开始逐渐生成非同一的反思意识才能摆脱束缚，以达到人的最终的自由与解放的目的。这种非同一性生成是反体系的与反逻辑的，其根本是反思资本主义理性的合理形态。吴友军还在《批判的生存论辩证法——阿多诺"否定的辩证法"的实质》❷和《从"合乎理性"到"合乎人"——阿多诺对传统哲学形态的批判》❸中着重阐释了阿多诺"否定的辩证法"是在对同一性的非人的批判中树立起的非同一性的人的生存的辩证法，进而以追求人的自由与解放为目的的辩证法，这种理论方式为阿多诺"否定的辩证法"的研究又提供了新的研究视角。

第四，从形而上学的角度来理解阿多诺的否定的辩证法。谢永康在《形而上学的批判与拯救》❹当中，站在了形而上学的角度分析了阿多诺的否定的辩证法，他认为否定的辩证法是形而上学的内在超越，谢永康认为阿多诺在对形而上学批判的同时，还对形而上学的基本结构和基本要素有拯救的意蕴涵盖。在胡绪明的《启蒙逻辑的"二律背反"与形而上学统治权力的共谋》中，在论证启蒙辩证法与否定的辩证法二者之间的"共谋"关系时认为阿多诺的否定的辩证法并不是"仅仅停留于对其抽象的同一性原则的维度上，因为在他看来只有在哲学上戳穿这一抽象的同一性原则——作为形而上学统治权力之秘密，方能完成对现代极

❶ 吴友军. 批判的人学 [D]. 长春：吉林大学，2004.

❷ 吴友军. 批判的生存论辩证法——阿多诺"否定的辩证法"的实质 [J]. 马克思主义与现实，2005(1)：117–123.

❸ 吴友军. 从"合乎理性"到"合乎人"——阿多诺对传统哲学形态的批判 [J]. 天津社会科学，2006(3):29–31,41.

❹ 谢永康. 形而上学的批判与拯救 [M]. 南京：江苏人民出版社，2008.

权社会统治权力的彻底清算"❶。所以，在胡绪明看来阿多诺的《否定的辩证法》的基本主题就是"对抽象同一性原则的统治权力之形而上学秘密的揭露和批判"。胡绪明与谢永康的不同在于，谢永康认为否定的辩证法不仅对形而上学具有批判性，而且还有拯救的意蕴。谢永康在《形而上学经验还是否可能——试论否定辩证法的思辨动机》❷中从否定辩证法的思辨核心入手，探讨形而上学的经验问题，也就是放弃传统辩证法尤其是黑格尔辩证法中肯定的环节而寻求确定性。通过对阿多诺《否定的辩证法》"形而上学经验"部分的解读，发现阿多诺对黑格尔辩证法做彻底批判之后，其思辨思想对康德哲学的接近。

第五，关于阿多诺"否定辩证法"的其他方面的研究。卜祥记、朱利兵在《对阿多诺"否定辩证法"理论性质的总体性审视》中站在马克思辩证法的理论视角对阿多诺"否定辩证法"的理论性质进行审视，并从两条路径对阿多诺"否定辩证法"的理论贡献、理论局限、总体性质三方面进行了分析。第一种路径是通过马克思辩证法与阿多诺辩证法的比较，"但在这种研究路径中，阿多诺辩证法的总体性质却消失不见了。"第二种路径是"从辩证法的总体性观点出发，直面阿多诺置身其中的垄断资本主义社会出现的新情况以及由此生成的阿多诺的理论总问题。"❸在此基础上重新审视理论性质，才能呈现它的总体性质。王晓升、任豆的《论物化批判的四重路径——阿多诺否定辩证法的实践运用分析》从物化批判的角度总结出哲学史上的四种路径，解决物化问题的关键在于如何把握主客体之间的关系，在分析了卢卡奇、哈贝马斯、海德格尔的物化批判之后，"只有阿多诺的物化批判站在否定辩证法的角度，在主客体的对立关系中解决物化问题"❹。

第六，对于阿多诺"否定的辩证法"与马克思哲学之间的联系的问题，只有相关的一些论文，例如，王成的《马克思与阿多诺辩证法思想的比较研究》❺

❶ 胡绪明.启蒙逻辑的"二律背反"与形而上学统治权力的共谋——基于《启蒙辩证法》和《否定辩证法》逻辑关系的探析 [J].哲学研究,2007(12):14.
❷ 谢永康.形而上学经验还是否可能——试论否定辩证法的思辨动机 [J].社会科学战线,2022(7):34-41.
❸ 卜祥记,朱利兵.对阿多诺"否定辩证法"理论性质的总体性审视 [J].武汉大学学报,2022(1):27-37.
❹ 王晓升,任豆.论物化批判的四重路径——阿多诺否定辩证法的实践运用分析 [J].求是学刊,2022(3):50-60.
❺ 王成.马克思与阿多诺辩证法思想的比较研究 [J].合肥工业大学学报,2009(6):165-169.

中，首先从辩证法的否定性的相同处入手，都对传统形而上学的思维方式、黑格尔辩证法中否定性的不彻底性及其二者都蕴含的人文旨趣上进行了阐述。然后，从辩证法的否定性的差异性方面对二者在不同的哲学框架、不同的自由与解放的理解上进行阐述。但这种比较方式只是外在的对比，并没有深入到马克思与阿多诺"否定的辩证法"的内在关系上做比较。谢永康在《从"否定性的辩证法"到"否定的辩证法"——阿多诺与黑格尔—马克思哲学传统》❶中区分了马克思"否定性的辩证法"与阿多诺"否定的辩证法"之间的关系，阿多诺辩证法中的否定是针对传统同一性的逻辑而提出的，而马克思的否定将其作为事物辩证运动的推动力量。张文喜在《现代性的幻象："同一哲学"和"主体哲学"批判——从马克思到阿多诺》❷中有阐述马克思的辩证法与阿多诺的辩证法在对现代性批判上的差异，他认为马克思在对主客体关系及其第一性与同一性的问题上影响了阿多诺摆脱第一性及其同一性哲学问题。于永坤、赵英男在《阿多诺对马克思主义批判辩证法的重构——解读"否定辩证法"的基本精神》❸中阐述了阿多诺辩证法与马克思主义辩证法之间的关系问题，认为阿多诺"否定的辩证法"继承了马克思主义辩证法的批判精神，并分别从重构马克思主义辩证法的批判对象、批判方式、批判旨趣三个方面进行论述。

阿多诺的哲学虽然遭受了一定的沉浮，但学界对他的研究从未间断，自从杰姆逊唤起了对阿多诺的复兴，国外对阿多诺的研究呈现出多角度与多方法的态势，主要集中在对阿多诺传记性的生活思想和对阿多诺文本的解读及其对阿多诺形象的一些看法。

第一，对阿多诺传记性的生活思想研究。国外的阿多诺的传记很多，但其中影响最为广泛的是美国学者马丁·杰的《法兰克福学派的宗师——阿道尔诺》。马丁·杰在介绍了阿多诺的生平及其思想发展的基础之上，从侧面了解到阿多诺"否定的辩证法"产生的一个历史环境，从而生发出阿多诺对现代资本主义

---

❶ 谢永康. 从"否定性的辩证法"到"否定的辩证法"——阿多诺与黑格尔—马克思哲学传统 [J]. 社会科学战线, 2007(4): 34-36.

❷ 张文喜. 现代性的幻象："同一哲学"和"主体哲学"批判——从马克思到阿多诺 [J]. 天津社会科学, 2001 (6): 9-16.

❸ 于永坤, 赵英男. 阿多诺对马克思主义批判辩证法的重构——解读"否定辩证法"的基本精神 [J]. 文艺研究, 2013(33): 193-194.

制度进行批判的现实原因。进而阐述了阿多诺以马克思的《关于费尔巴哈的提纲》中的第一条为出发点，批判了以黑格尔为代表的唯心主义用"集体主体来代替主体概念"，以及马克思之后的卢卡奇用创造性的主体即"总体"恢复黑格尔主体与客体同一的模式等问题，由此形成阿多诺的哲学观的批判性即"否定的辩证法"。在马丁·杰看来，"'否定的辩证法'在思想上给资产阶级的集大成者黑格尔以最后一击，从而完全告别了这一体系。在建设方面，其理论找不到任何现实力量，只能陷入毫无肯定性的悲观主义"❶。另一本著作罗德尼·利文斯顿的《阿多诺——最后一位天才》（*Theodor W.Adorno—One Last Genius*）❷出现在大量的二次文献之后，他以时间顺序阐述了阿多诺哲学思想的产生源头及过程，以此来帮助理解阿多诺的哲学思想及文本。

第二，对阿多诺文本的解读及其比较性论文。日本学者细见和之在《阿多诺——非同一性哲学》当中以一首犹太人歌曲剖析阿多诺的哲学思想，从侧面切入并伴随阿多诺的成长过程，从历史发生的角度来阐述阿多诺否定的辩证法的起源及其核心内容，他认为阿多诺"否定的辩证法"的核心是非同一性哲学，"阿多诺的'非同一性哲学'的目的是将柏拉图以来同一性的形而上学翻转为'非同一性事物'"❸。但"非同一性事物"并不是简单地替换"同一性"的位置，细见和之以一首关于犹太人种族灭绝的歌曲剖析阿多诺哲学思想本身，以此来阐释自然支配与社会支配的交织关系及其模仿与同化、模仿与非同一性之间的关系。这种方法似乎与中国学者张亮的《"崩溃的逻辑"的历史建构》所使用的方法极为相似，但二者不同的是细见和之采用音乐内容中的形象进行分析对照阿多诺的哲学思想，而张亮采用音乐的调性来追溯阿多诺"否定的辩证法"产生的根源。尼古拉斯·卓尔在《阿多诺否定的辩证法：主题、观点、方法论》❹中分析了阿多诺"否定的辩证法"讨论的主题是"非同一性"，他的观点认为，否定的辩证法有大量的原则以消除形而上学最终走向和解。除了著作

❶ [美] 马丁·杰. 法兰克福学派的宗师——阿道尔诺 [M]. 胡湘,译. 长沙:湖南人民出版社,1988:7.

❷ DETLEV CLAUSSEN. Theodor W. Adorno—One Last Genius[M]. New York Unversity Press,1900:1–440.

❸ [日] 细见和之. 阿多诺——非同一性哲学 [M]. 谢海静,李浩原,译. 石家庄:河北教育出版社,2001:12.

❹ NICHOLAS JOLL. Adorno's Negative Dialectic: Theme, Point, and Methodological Status[J].International Journal of Philosophical Studies, 2009, Vol.17 (2).

以外，还有一些关于阿多诺思想的比较性论文。艾伦·诺里在《巴斯卡、阿多诺与现代自由辩证法》❶中将阿多诺的否定的辩证法视为否定的辩证法，与巴斯卡的辩证批判现实主义的辩证法进行了比较分析，并认为二者有共同的论点即基于现实主义的存在论。克里斯·桑希尔在《雅斯贝尔斯与阿多诺：人类的形而上学》❷中阐述了批判理论和存在主义哲学之间的关系问题，同时也论述了二者对形而上学所寻求的拯救。

第三，关于阿多诺形象的矛盾性。在学术界阿多诺多半被确立为悲观主义哲学家。哈贝马斯在《现代性的哲学话语》中指出阿多诺在对启蒙理性的批判道路上走得太远，结果在对现实的诊断上过于悲观，而且也瓦解了社会批判理论的规范基础，最终不得不从理论对实践的介入撤回到理论自身，走向了一种虚无主义色彩的美学乌托邦道路。而对一些后现代主义者例如利奥塔却认为，阿多诺对同一性体系哲学的批判，对思考在启蒙在现代性中的矛盾和灾难性的后果来说，是值得尊重，并将阿多诺定义为后现代主义的先驱。

1.2　有待于思与重思的问题

随着对阿多诺"否定辩证法"的深入研究，其中存在的问题也随之显露，基于国内外诸多学者所研究的成果之上仍然存在着一些有待于思考的问题。只有将这些问题逐渐地加以解决才能够进一步推进对阿多诺的研究，有待于思与重思的问题有以下几个。

第一，对阿多诺"否定辩证法"的某一侧面的单一性理解。从近些年收集的有关阿多诺的著作和论文来看，大多学者都在关注对阿多诺的文本的某一侧面的不同的理解，而多数学者还是站在了辩证法的角度来理解文本，更多地关注于对以往的辩证法及其同一性思维的批判上来解读，这可以说是对阿多诺研究所获得的重要的成果。而这一研究形式似乎显得单一化、片面化，对于阿多

---

❶ ALAN NORRIE. Bhaskar, Adorno and the Dialectics of Modern Freedom[J]. Journal of Critical Realism, 2004, Vol.3 (1), pp.23-48.

❷ CHRIS THORNHILL. Karl Jaspers and Theodor W. Adorno: the metaphysics of the human[J].History of European Ideas, 2004, Vol.31 (1), pp.61-84.

诺"否定的辩证法"的整体性的把握程度还没有深入，以偏概全的状况比较普遍，缺乏历史的连贯性与逻辑性，再加之阿多诺哲学文本的艰涩，不能充分地挖掘出阿多诺"否定的辩证法"的内在逻辑及其核心意义的最终指向。阿多诺在否定的辩证法当中对海德格尔、胡塞尔、黑格尔、康德、马克思等诸多人物的批判不仅其旨归为对形而上学同一性思维的批判，更重要的是通过批判达到其对人的自由和解放的理想。只有从纵向历史逻辑出发，从阿多诺对现实当中的否定辩证法的理解入手，才能真正理解阿多诺人类生存中的自由问题的最终指向，从而获得对哲学批判及对社会批判的意义。

第二，表现在辩证法与自由的关系问题之上。辩证法的核心内容是其批判和否定，而人对自己的物种尺度和本能具有超越性，这种批判和否定是对摆脱束缚生活理想的种种限制、走向自由人生的一种冲动和渴望。这种自由的人生是一种不断自我超越、实现无限可能的人生，是一种具有无限丰富性、可以自由选择的人生。因此，辩证法的不断批判和否定的精神引领着人们走向自由之路。在传统的辩证法当中是以同一性思维为专制的，这主要体现在黑格尔的辩证法当中。而黑格尔却将个体的自由性扼杀在了绝对精神当中，而要摆脱这种思维方式就要获得多样性、差异性、矛盾性，才能获得自由的空间。辩证法本身的合理内核中正是包含了这几种要素，在马克思的实践的辩证法当中也充分地体现了这一内容，马克思以实践的方式得到了解决，使个体的自由只有在类的自由实现之中才能得到彰显。阿多诺的否定的辩证法当中也是提倡多样性、差异性和矛盾性，他以非同一性的思维方式，通过建立星丛的概念力场来实现个体主体、主体总体和客体世界的自由。

第三，表现在关于阿多诺"否定辩证法"与马克思辩证法的关系之上。从所收集到的国内外研究的资料来看，对于阿多诺"否定的辩证法"与马克思的辩证法之间的关系问题的阐述比较薄弱，即使有提及也是从外在关系来阐述或从阿多诺对马克思辩证法的继承与重建上来轻描淡写。阿多诺作为法兰克福学派的核心人物，他对同一性哲学的批判是深入社会的批判当中的，这离不开他对马克思哲学的态度。从阿多诺"否定辩证法"与马克思实践辩证法的关系中，我们可以看到，马克思和阿多诺虽然都是在用辩证法对传统形而上学进行批判，但是批判的方式、批判的对象都不尽相同。马克思采用回归现实的方式以实践的能动性对资本主义的制度进行了批判，其目的是达到整体的类自由的倾向，马克思在对现代性的批判的同时又重新建构了理论与实践的同一性哲学。而阿多诺继承了马克思辩证法的否定性的原则，对于这种原则的使用，阿多诺更多的是在理论的层面上来把握，是一种理论上的批判或否定，他用星丛的模式打破以往同一性哲学主客体关系，进而建立主客体自由、相互对等的模式。他的理论批判深入现实的社会之中是对资本主义的意识形态及其文化的批判，他的目的是实现人的个体自由与解放的人文关怀。阿多诺"否定的辩证法"是解构性的，而马克思实践的辩证法是建构性的，要从辩证法自身的批判逻辑的现代展开的路径来挖掘二者的内在关系，以弥补这一理论研究的空白。

1.3　创新之处及结构安排

从对阿多诺"否定的辩证法"的国内外的研究现状来思考，文章致力于从纵向历史逻辑出发，从阿多诺"否定的辩证法"本身的历史渊源入手，明确分析出阿多诺"否定的辩证法"出现的条件及其历史前奏。按照历史逻辑发展的顺序进入到阿多诺"否定的辩证法"当中，通过厘清阿多诺"否定的辩证法"的理论指向、理论核心及其理论转向等方面，明确分析出阿多诺"否定的辩证法"中的"否定的"与"辩证法"及其"否定的辩证法"内在含义。在此基础上阐释阿多诺"否定的辩证法"思想的全貌，以示与传统的辩证法划清界限，明确阿多诺"否定的辩证法"批判的目的。本书研究的特色及其创新之处在于将意识形态批判重新确立为其社会理论的核心主题，努力恢复传统意识形态批判在社会思想或社会理论的核心位置。这是因为，如果没有该理论工具，社会生活中隐蔽的控制形式和压迫机制不可能得到真正的揭示。阿多诺"否定的辩证法"对传统同一性辩证法进行批判的目的是唤醒主体性及其个性，表现其时代精神及其时代的价值。传统同一性的辩证法在理性的抽象层面实现了虚幻的人类整体的自由与解放，当同一性的哲学作为现实社会统治的逻辑时，否定的辩证法中异质性、个体性的要素也要通过对现实社会同一性的统治逻辑的批判而达到某种内在的要求。阿多诺"否定的辩证法"正是通过对传统同一性辩证法的批判将其价值追求由实现人类整体的自由转向到实现个体的自由。另一个重要的创新之处是针对目前学界对阿多诺"否定的辩证法"与马克思的实践辩证法之间的关系问题研究相对比较薄弱，大多都站在了阿多诺"否定的辩证法"与马克思的实践辩证法之间的外在关系或马克思实践辩证法对阿多诺"否定的辩证法"的批判与重建角度上来理解。马克思的实践辩证法以建构的方式在实践的基础之上完成了辩证法的批判性、否定性和革命性向现实社会、特别是对资本主义制度批判的转向。阿多诺"否定的辩证法"以解构的方式将辩证法的批判引向对现实的深入，将马克思对于社会制度的现实批判转向对文化的现实批判，从辩证法自身的批判逻辑的现代展开路径上来看，可将马克思的实践辩证法视为是过渡到阿多诺"否定的辩证法"所必然经历的一个理论环节。

当以这样的视角与方法去诠释阿多诺"否定的辩证法"思想时，本书可以分为六章：第一章为绪论，介绍论文的国内外研究现状、有待于思与重思的几个问题、研究特色及其创新之处。第二章梳理了阿多诺"否定的辩证法"的理论渊源。第三章、第四章、第五章展现了阿多诺"否定的辩证法"思想的内在逻辑。阿多诺通过揭示第一性的独断与虚假性来进一步批判同一性哲学，通过对同一性及其辩证法的特质的分析，厘清了同一性与传统辩证法之间的内在关系。在此基础之上展开了阿多诺"否定的辩证法"的核心内容，阿多诺"否定的辩证法"的理论建构的前提就是对传统同一辩证法的批判，他通过对概念的重新整合以反对主客第一性的思维方式。在其理论内核中提出坚持客体优先与概念星丛的理论，阐述了概念的辩证方式，以此达到对非同一性的追求。而这一批判并不仅仅局限于理论层面，阿多诺的最终目的是要揭穿现实的控制形式及其压迫机制，以此对同一性思维控制下的逻辑、科学及其思维对自由的抵制进行彻底的批判，并以反逻辑、反科学、反体系来寻求自由之路。阿多诺所实现的自由的转向是对以往同一性哲学中由类自由向个体自由的转向。第六章，总结了阿多诺"否定的辩证法"的学术价值与理论价值，并得出其对当代研究的启示。

第 2 章

阿多诺"否定的辩证法"
的理论渊源

从西方哲学史来看，任何一位哲学家理论的形成都是在对理论历史的审视中得以完成，追溯阿多诺"否定的辩证法"的理论渊源也需要在理论历史的进程中寻求答案。在以往的传统辩证法的要义当中，受西方传统形而上学的制约将辩证法形式化为一般方法论原则，它的最终可能是以其追求体系化的同一性为目的。比如在作为辩证法的起源之处的古希腊的哲学中，将世界分为现象和本体，同时也将人的认识分为感性和理性，辩证法就是人类的理性通过事物的表象达到对本体的追问。辩证法以辩证思维为核心要义，它的发展以知性确定性为前提，同时构成人类认识的第一个环节，而这一思想最早孕育于古希腊哲学。辩证法被认为是一种哲学方法，其目的是通过人类的理性对本体的追求达到真理的唯一。苏格拉底注重对思想内容或真理的追求，他把对本体或真理的探索从自然界拉回到了人的自身或主体意识之中，并首次提出辩证法，将本体的"善"内化到人的心灵当中，以此化解智者思维中的矛盾。"主张反思、主张由意识作决定，乃是他（苏格拉底）与智者们相同的地方。但是真实的思想应该是这样的，即它的内容完全是客观的，而不是主观的。"❶苏格拉底的辩证法可以称之为他个人行为的辩证法，在苏格拉底看来，这种行为是一种个人向普遍转化的过程，只有这样才能达到哲学的目的和意义，以此，他将辩证法视为在人类心灵中产生真理的"助产术"。苏格拉底的辩证法被称为"助产术"辩证法而不是"对话"辩证法的原因在于"对话"是主体与主体之间的对话形式，而"助产术"是通过与他人的讨论促进并帮助他人形成事物的概念和一般的定义的精神性的东西，但苏格拉底本人并未提出"辩证法"的概念，黑格尔将这种个人行为的真理称为辩证法。柏拉图在面对辩证法上做了关键的转变，柏拉图将事物"本身"或者"一般"称为"理念"。苏格拉底对事物"本身"的探求局限在主观精神范围内的"善""美德"等事物，而柏拉图对"本身"或者"理念"的探求由主观精神扩展到整个世界。同时，柏拉图将"理念"脱离具体事

---

❶ [德] 黑格尔. 哲学史讲演录(第二卷)[M]. 贺麟，王太庆，译. 北京：商务印书馆，2016：41.

物，并使之成为具体事物存在的根据。并且，柏拉图的理念是与生俱来的，它先于经验存在于我们的思想当中，也可以称为 "回忆说"。柏拉图用 "回忆说" 更好地解释了苏格拉底关于 "善" 的概念知识悖论。在柏拉图的辩证法中，就是让理念通过 "回忆" 再次在人的心灵中实现出来，从而达到理念与理性的内在统一。但同时，苏格拉底和柏拉图并没有否定知性的认识地位及作用，苏格拉底一直坚守着从 "个别到一般" 的归纳推理，柏拉图也始终承认现象是理念得以呈现的可感对象。应该说，辩证法作为人类通达本体的理性方法和通达真理的最佳方法，当然是具有肯定性意义的。但同时，"辩证" 一词也经常性地出现在古希腊的其他哲学流派中，它的基本含义指向了主体思维中的 "矛盾"。如爱利亚学派的芝诺以辩证法的方式提出了四个悖论，"辩证" 就是人类理性不能把握感性世界中的 "一" 和 "多"，芝诺借用量的概念解释了思维与现实之间的矛盾，以此造成在人类思维中产生 "两个相反命题同时成立" 的思维矛盾。智者学派的高尔吉亚也是在这个意义上使用 "辩证" 一词的。他用关于 "存在" 的三个命题先通过假定三个命题的相反的命题的形式引出矛盾，而又否定相反命题的矛盾真理性，以此以否定的方式从反面证明所设立命题的真理性。这种用思维矛盾的方式与芝诺所用的论证方式是一致的。命题形式都是带有形而上学性，并以辩证法作为论证此命题的方式，以此达到以抽象同一性为目的的论证。显然，这里作为思维矛盾的 "辩证" 是具有否定性意义的，这就为辩证法蒙上了一层不确定性的否定阴影。还有一类辩证法属于怀疑派的辩证法，这类辩证法对一切确定的、肯定的、具有真理性的存在加以否定，其关键性在于此类辩证法的消极性，否定一切肯定的东西，认为任何确定的东西都是有限制性的，以解体一切确定性的独断论为目的，以否定的结论定义为消极辩证法。所以说，辩证法在古希腊哲学的开端就同时包括肯定和否定的双重内涵，正是这种彼此对立内涵的分裂性，使得在西方近代哲学的发展进程中，辩证法一直要背负着为自己的肯定性 "正名" 的哲学使命。

　　阿多诺 "否定的辩证法" 正是对传统的辩证法及其同一性哲学体系的批判。而这一批判是在传统的同一性哲学体系形成的基础之上来完成的，以黑格尔哲学体系为首的德国古典哲学正是在传统理性哲学的护航之下使得传统辩证法及其同一性的哲学体系达到了顶峰。所以，没有对传统同一性哲学体系的批判就没有阿多诺"否定的辩证法"的形成。程志民研究员曾指出,"尽管阿多诺确实受到勋伯格无调音乐理念很大的影响,但作为一种哲学观念,他的'否定的辩证法'却是直接从德国古典哲学那里找到自己的思想史源头的。"传统的同一性辩证法及其同一性的哲学体系正是构成了阿多诺"否定的辩证法"的理论来源。阿多诺认为哲学离不开理性,而传统哲学理性的同一性的形态导致了对人的压抑与控制。所以,他继承了理性并反对理性的同一性的原则。当理性达到了登峰造极之时反理性的呼声也随之而起,一批倡导现代非理性主义的人们将哲学从单纯的理性过渡到了一种全新的境界——现代哲学的变革就此开始。现代哲学的变革体现在对传统形而上学及其同一性哲学体系的批判之上,同一性的辩证法正是在传统的同一性哲学体系的思维框架之内,传统辩证法作为对本体论追求的一种理论形态,它也是对普遍性知识最根本的追求,现代哲学对传统的同一性哲学体系及其形而上学的拒斥也就是对同一性辩证法理论的拒斥,现代哲学的变革正是理性的"落寞",同时也是对同一性辩证法理论的终结。阿多诺"否定的辩证法"从其外表来看是对各种思潮的否定,但追从其内容来看却有着很深的理论历史的渊源,他融合了诸多哲学家的思想,尤其是关于尼采对于形而上学的批判。依照阿多诺自己的观点,他的批判是一个真正的"解放运动",一个"纯粹被后来人篡夺了的西方思想史上真正的转折点"❶。及其对柏格森"对僵化的一般概念的仇视、对非理性的直接性崇拜、对不自由中的至上自由的崇拜"都有借鉴❷。当理性"落寞"与同一性辩证法终结的时候,"哲学维度的形而上学旨趣在资本逻辑的强力瓦解中、在感性的多元流变中……'境界'失去了厚重的意义"❸。批判理论与非理性主义似乎达到了一定程度上的共通。"批判理论的核心是对封闭的哲学体系的厌恶……是通过对其他思想家和传统哲学一系列批判来表述的,其发展是对话式的,其起源是辩证的。"❹法兰克福学派批判理论的基础是"否定的"辩证法,它也是法兰克福学派的共同观点。它的否定之处在于它是理智的产物、是逻辑的产物、更是社会责任的产物。法

❶ THEODOR W. ADORNO. Translated by E.B Ashton .Negative Dialectics[M]. Routledge Press,2006:30.
❷ THEODOR W. ADORNO. Translated by E.B Ashton .Negative Dialectics[M]. Routledge Press,2006:8.
❸ 陆杰荣,等.形而上学研究的几个问题 [M]. 北京:中国社会科学出版社,2012:101.
❹ [美] 马丁·杰.法兰克福学派史 [M]. 单世联,译.广州:广东人民出版社,1996:51.

兰克福学派以对实证主义的批判作为基本的立场，实证主义思维本身与现存的社会秩序存在着一致性，它对整体的社会失去了批判的动力。对实证主义的批判奠定了霍克海默和阿多诺对启蒙及其理性批判的前提和基础。启蒙没有使人真正成为世界的主宰，它虽然以知识祛除了神话来唤醒了自然世界，但当知识给社会带来了进步的同时却对人性进行了摧残。那么，造成这一结果的原因是启蒙理性的同一性原则使理性变成了工具理性，人们的理性又陷入到了一种新的神话危机之中。阿多诺"否定的辩证法"正是遵循着启蒙辩证法的逻辑原则对传统同一性的哲学体系作彻底的批判。

2.1　德国古典哲学中的同一性辩证法

德国古典哲学中的同一性辩证法主要指的是黑格尔的辩证法。而这一辩证法的形成过程是在对康德、费希特、谢林等人的辩证法的批判与继承的基础之上发展形成的。虽然早在古希腊时期对辩证法就有不同的理解，但辩证法始终与理性缠绕在一起，一直未得到哲人们的重视，直到近代随着理性的不断凸显，辩证法得到了不断的深化。康德对辩证法的讨论，引起了人们对它的重新重视，并在黑格尔的哲学当中，发展出前所未有的丰富性。在阿多诺看来，黑格尔"极力用同一性哲学来同化非同一性哲学，用非同一性来规定同一性"❶ 以使其辩证法成为了同一性的辩证法。阿多诺"否定的辩证法"是将辩证法赋予彻底的"否定性"的力量，用"否定性"的力量摒弃同一性形而上学的思维方式。

2.1.1　知性与理性的断裂——空洞的辩证法幻相

在康德看来，人类的认识需要三个阶段，即感性、知性和理性。亚里士多德对形式逻辑的运用只能停留在知性阶段，并且对形式逻辑的运用仅停留在获得实体中的知识形式，并没有获得真正的知识内容。亚里士多德对知识确定性的获得实则是一种思维确定性的获得，这种思维确定性通过形式逻辑作为工具的结果，思维的确定性存在于主观思维之中，不能代替客观事物自身的确定性。

---

❶ THEODOR W. ADORNO. Translated by E.B Ashton. Negative Dialectics[M]. Routledge Press,2006:318.

因此，形式逻辑是思维中的法则，无法进入事物现象的内容，更不能获得真理。首次提出辩证法是在其"先验逻辑"部分，康德将"普遍逻辑划分为分析论与辩证论"。知识的"知性形式"的理论在普遍逻辑的分析论中得到了展示，这是为了证明知识是否符合形式上的逻辑要求，是否遵循了"形式逻辑"的一般规律。"形式逻辑"由此成为了发现真理与推广知识的工具。在康德看来，"普遍逻辑，作为工具论来看，在任何时候都是一种幻相的逻辑，也就是说，是辩证的"❶。"把它当作一种工具（工具论）来使用，以便至少按照那种假定来传播和扩展自己的知识，这种无理要求的结果只能是废话连篇，只要愿意用一些幻相来维护一切，或者随意地攻击它们。"❷辩证法不仅应用于"普遍逻辑"之中又应用于"先验逻辑"之中，在"先验逻辑"当中，康德又分为"先验分析论"与"先验辩证论"，康德认为辩证法就相当于"幻相逻辑"。

在康德之前的哲学理论当中对人的理解是在本体论的思维原则框架下来进行的，人们认为人的理性可以把握到世界最高的存在，人的认识能力也在不断地夸大。当他们面对思维与存在、精神与物质、主体与客体之间的关系时无不陷入以亚里士多德所开启的以形式逻辑占主导地位的思维模式，而形式逻辑所能确定的只是思维形式结构的规律性，它只是思维中的形式原则，诉诸于抽象逻辑思维的推理和论证。在形式逻辑中包括概念、判断、推理等一般形式构成，但这只能构成逻辑学的有限形式，形式的有限性限制了形式逻辑的运用的有限性。因此，这种形式逻辑只能在一定范围内运用，这个范围限定在知性中，并且是在知性中的主观方面，与主观相对的是客观，客观呈现的是"内容"的东西，所以，形式逻辑对客观的内容无法进行无限的运用。从而对人的理解也将陷入僵化的片面的形而上学的思维方式之中。当理性如此狂妄之时，形而上学就此出现了危机。近代哲学实现了认识论的转向，不再像古希腊哲学中对于本体或客观世界的本原问题的探讨，也不像中世纪哲学中对于人的主观精神或生存状态的探讨。无论古希腊哲学还是中世纪哲学其主要的缺陷在于各执一方，要么执着于客观世界，要么执着于主观精神，以此导致缺乏对自身的反思精神

---

❶ [德]康德.李秋零,主编.康德著作全集.第3卷:纯粹理性批判(第2版)[M].北京:中国人民大学出版社,2004:75.
❷ 同上。

与自我意识。因此，哲学家不再只关心古代形而上学所追求的终极存在的问题，而是将目光转移到终极存在的知识通过人的哪种认识能力可以得到。近代哲学所要解决的就是这两种精神的弥合，即思维与存在的关系问题或主体与客体之间的关系问题。但在这种关系问题之中仍然存在两方面问题，即何者为第一性的问题与二者是否具有同一性的问题。因此，近代哲学便由古希腊的本体论哲学和中世纪的生存论哲学转向到认识论哲学。"而经验论与唯理论作为近代西方哲学的两大派别，他们的主要兴趣都集中在认识的来源、过程和真理性等问题上，它们之间的分歧也主要是一种认识论上的分歧。"❶近代经验论认为知识的获得方式并不是通过抽象的逻辑演绎，而是要以外在的感觉经验为基础，并大力提倡科学实验的证明，以此强调经验的归纳，持这种观点的哲人大多集中于英国，形成英国经验论。而唯理论与经验论是相对的，唯理论哲学家喜欢从抽象的概念出发，也就是注重抽象的一般和原理，以此通过思辨的传统和理性的演绎建构庞大的哲学体系，形成唯理论的知识论，持这种观点的哲人大多集中于欧洲大陆，形成大陆唯理论。但二者有共同批判的对象，即经院哲学；有共同追求的目标，即获得真理性的知识。

在康德所处的年代，形而上学所出现的弊端使得有识之士纷纷转向对自然科学的研究，科学的发展完全证明了其知识的普遍性和必然性，人的自由问题也有待解决。面对经验论与唯理论，二者的共同目标是获得真理性的知识，真理性的知识有两个标准：其一是关于真理知识的内容要不断地更新与扩展；其二，真理性知识具有普遍必然性。而从经验感觉出发的经验论不能穷尽现实中的对象，以此导致不能从个别的经验推出一般性的公理，归纳的结论便缺乏普遍必然性。休谟的怀疑论或不可知论反对因果联系，并将其认为是人的主观联想，并进一步认为知识是印象和观念的集合体。而唯理论反对从经验感觉出发，而是设定了一个先验的天赋观念或公理，运用形式逻辑的三段论的形式，演绎出结论。但是天赋观念或者原则本身的合法性问题有待讨论，虽然保证了知识真理的普遍性，但并没有新知识的扩充，只不过是在前提的基础上演绎出结论而超不过前提，这种演绎方式的前提是在独断论的基础上建立的。因此，经验

---

❶ 赵林. 西方哲学史讲演录 [M]. 北京:高等教育出版社,2009:221.

论和唯理论各自陷入其理论困境。康德在面对哲学所出现的种种危机时首先对理性进行了审视与审查，并对以理性为基础的科学知识进行了考察。也就是经验论和唯理论的最高目标，即实现既具有普遍必然性又具有扩展性内容的科学知识，康德追问的核心问题便是这些知识何以可能的问题。同时也是康德何以解决思维和存在之间的关系问题。之后，康德对经验论与唯理论都进行了批判，康德认为我们必然存在先天知识的形式而不是观念，而知识的构成来源是质料和形式的组合，只有将形式和经验的质料相结合才能构成知识。知识的基本框架在康德那里是由先天的知识形式和后天的经验的知识资料构成。而经验论只承认综合判断，它只是消极被动的反映论的直观，没有概念使它变得更盲目。而唯理论只承认分析判断，在只承认思维的前提下无经验的内容也无法形成认识。康德运用辩证的思维方式综合了经验论与唯理论的合理之处，用先天知识形式满足了科学知识的普遍必然性，用后天经验知识质料满足了科学知识的不断拓展的新内容的扩充条件。在康德看来，单独的概念和经验的感觉印象都不可称为知识，只有将两者结合起来的判断才能称为知识。因此，他将知识问题转化成了判断问题，判断构成知识的最小单位，一切知识或真正的科学知识都是具有普遍必然性又扩充新内容的判断。这种判断被康德称为"先天综合判断"，它是由先天分析判断和后天综合判断构成。先天分析判断满足知识具有普遍性的条件，后天综合判断满足扩展知识内容的条件。而知识的对象是存在，判断产生于思维，知识与判断的问题便明显的转化为哲学的基本问题即思维和存在的关系问题或主观与客观的关系问题。并区分了经验的现象世界与超验的本体世界——现象界与物自体。先天综合判断中的知识形式由先验自我即主观（先验自我）来提供，知识质料由自在之物（物自体）即客观来提供。在康德看来，知识的构造要经历感性、知性和理性三个过程。在感性过程中，先验自我为我们提供了时间和空间的先天直观形式，也是我们先天的主观认识形式。物自体刺激我们的感觉形成不清晰的图像作为认识的质料，由于人的感性认识纯形式即时间和空间对感觉的认识材料进行综合而形成了表象世界，但并不是自然界本身的超验的本体的世界，而是带有主观烙印（时空）的对象世界，而非纯粹的没有主观烙印的客观世界。而没有被打上烙印的世界是自在之物，存在于我们的直观之外。与人的感性认识形式相对应的是纯粹的知性范畴，纯粹的知性范畴是人所具有的先验知性能力，它与感性直观的不同之处在于感性直观是被动的，而进入知性阶段则是先天思维形式范畴对感性形式通过时空获得的现象进行主动的知性的加工。知性范畴通过时间先验图形的转换与经验表象发生联系，先验感性形式与先验知性范畴通过时间先验图形的联系在感性与知性之间架起了桥梁，成功地实现了知识的形式与内容的必然联系，从而清楚地把握了现象世界。而第三个阶段的理性是从知性的具体知识向更高的绝对知识过渡的综合统一，它本身具有调节过渡原则的主观理念，其对象是"宇宙""灵魂""上帝"。

由此，康德为理性划定了界限，将人的理智能力限定在现象界之内，人的理智能力的活动只能发生在现象世界的场所。由于理性没有与本体世界相对应的认识形式，导致理性无法超越现象世界来把握物自体。其表现在康德批判独断论者时提出的"二律背反"。也就是把知性范畴运用到物自体领域将会出现理性的自我分裂，就会出现矛盾。当我们要离开现象世界去把握物自体的时候，我们的理性不具备相应的理性能力，但理性又在不断地尝试去获得存在于物自体中的绝对的知识，这种错误就会造成独断论。理性的运用范畴便被限制在了现象世界，运用理性去调节知识的范围的内在运用。我们用知性能力和感性能力去把握物自体，这样知性与理性之间就产生了断裂，从而造成思维的混乱使其陷入"矛盾"或"幻相"之中，造成了"二律背反"的出现，康德将这种"幻相的逻辑"称为辩证法。很显然辩证法在康德这里具有消极的意义，是对理性的无限运用而产生的。理性的错误运用会产生"二律背反"的矛盾，这种矛盾只能存在于理性或者思维之中，而且只有正题和反题，因此达不到统一。但在费希特哲学中却产生了合题。

2.1.2　自我发展的辩证活动

康德打破了以形式逻辑为基础的旧形而上学体系重新建立了以知性思维方式为基础的新的形而上学体系的二元分裂，并在对主体的建构当中突显了辩证法的萌芽。在对主体的建构当中他运用先验的统觉理论解决了人们对概念性知识的把握，同时解决了通过何种中介来实现的问题，证明了知识的普遍性与必然性不存在于自然界之中而是存在于主体的先验结构之中。费希特反对康德之处在于从知识学出发为哲学寻找一个绝对的、无条件的基础即自在之物，并认为康德的批判哲学批判得并不彻底，即自在之物的不可知又存在的特性。在费希特看来，这种既存在又不可知的没有任何内容的自在之物只能是抽象的虚构物或者是无，并非真正的"自我"，而是从"自我"产生的思想之物，也就是作为"非我"，并作为"自我"的对立面。由此，康德那里的"自在之物"变成了费希特的"非我"，而此"非我"是由"自我"而产生的对立面。由于费希特的自我意识是纯粹的主体自由的活动，他具有能动与绝对的本质可以通过主体的活动创造主体自身及其现象世界。绝对自我可以通过对象设定整个世界的全部内容，物自体不会被隔离于主体之外，而是内在于主体之中，康德的二元世界在费希特的绝对自我当中得到了弥合。

费希特的辩证法首先要解决康德的自在之物，并认为康德的自在之物实际上是"自我"的派生物，费希特称为"非我"。费希特按照康德的先验主体结构的创造，他将自我设定为辩证的原点并以推演的方式来解决主体与客体之间的关系。"自我"成为费希特无所不能的基点，甚至整个世界都包含在"自我"之中。费希特将"自我"设定为一个实体的存在，这种实体的存在是一个自我主体的具有能动活动的根据，自我设定自我保证了存在与活动达到同一。"同一性原理是，它是一切原理的根据"❶。也就是费希特的第一个正命题：自我设定自我，也就是对自己的一个设定，由此开始确立其他。这个"自我"带有两方面特征，第一，表现为"自我"具有自由性，不受任何东西限制；第二，表现为"自我"是自因，完全的自己设定自己，作为始基性的本原。当自我在主体中建立之后，主体的自我就会意识到除了我之外的一切主体的对象，非我也就这样的被设定起来了。"自我的努力，非我的反努力，以及二者的力量平衡，都必须被设定起来。"❷这就是费希特的第二个反命题：自我设定非我。"自我"在设定了自身的同时，又设定了自己的对立面，即"非我"。这个"非我"等于康德的"自在之物"等于存在。由此，可以断定思维决定存在，客体由主体产生，康德的"自在之物"也是由"自我"而产生。但此阶段的"自我"还没有产生自我意识，因为此时的"非我"等于"自在之物"，"自我"还没有意识到设定了"非

❶ [德] 费希特. 全部知识学的基础 [M]. 王玖兴，译. 北京：商务印书馆，2010：41.
❷ [德] 费希特. 全部知识学的基础 [M]. 王玖兴，译. 北京：商务印书馆，2010：211–212.

我"，如同康德哲学中的自在之物与自我的二元对立阶段。但自我与非我之间是一个相互限制的过程，在相互限制的过程中体现着辩证法的自我能动性。这也是费希特的第三个命题，即合题：自我设定自我和非我。首先，"非我" 限制"自我"。康德的 "自在之物" 就是被限制在 "非我" 之中并由主体来统摄和把握，当 "非我" 被 "自我" 设定起来时 "非我" 所表现的是现象，同时 "自我"也通过设定 "非我" 而得到了知识呈现的结果。"自我" 通过主体能动性的原则由主体的活动设立 "非我" 的存在状态而不能规定运动的方式，"非我" 的运动方式受现象内部实体规定的影响主动限制 "自我"。"自我部分地规定自己，并且它部分地被规定"❶。当自我意识到 "非我" 的运动方式时自我会设定自己为认知理性，认知理性通过逐渐地认识 "非我" 而摆脱 "非我" 使二者得到统一。"非我" 限制 "自我" 的过程也就是认识活动发生的过程，也就是 "客观作用于主观、存在作用于思维、对象作用于观念" 的过程❷。"非我" 限制 "自我" 的同时，"自我" 也将限制 "非我"。"自我" 对 "非我" 的限制表现在 "自我" 可以主动式地按其规定性来限制 "非我" 的存在状态使 "自我" 取消 "非我" 或者祛除 "非我"。"自我" 限制 "非我" 的过程也就是实践活动的过程，即 "主观作用于客观、思维作用于存在、观念作用于对象" 的过程❸。从 "非我" 限制"自我" 以及 "自我" 限制 "非我" 的关系中会发现，"自我" 设定的能动性之中存在着矛盾，矛盾在 "自我" 与 "非我" 之间或者是主体与客体之间相互作用。在费希特看来，"自我" 与 "非我" 的矛盾关系是主体的一种能力，这种以"自我" 设定的能力所呈现的矛盾的辩证运动为一切科学提供了根据和基础。当"自我" 通过 "自我" 的能动活动设定自我本身时，它所呈现的是 "自我" 的同一性并为形式逻辑的同一律即 "A 是 A" 提供了主体根据，"设定着自己的自我，与存在着的自我，这两者是完全等同的、统一的、同一个东西"❹。当 "自我"设定 "非我" 将 "自我" 与自我所面对的对象进行区分时，它所呈现的是 "自我" 的否定性并为形式逻辑的矛盾律即 "A 不是非 A" 提供了主体依据。"自

❶ [德] 费希特.全部知识学的基础 [M].王玖兴,译.北京:商务印书馆,2010:48.
❷ 赵林.西方哲学史讲演录 [M].北京:高等教育出版社,2009:339.
❸ 同上.
❹ [德] 费希特.全部知识学的基础 [M].王玖兴,译.北京:商务印书馆,2010:13.

我"与"非我"的相互限制的辩证运动方式使主体自身得到了极大地丰富,主体自身在丰富的同时也体现了"非我"对"自我"的限制,它所呈现的是"非我"在"自我"中的根据,并为形式逻辑的充足理由律提供了主体根据,它的过程无非是"自我设定自我,然后'自我'设定'非我',最后达到'绝对自我'"●。"绝对自我"并不是个体的"自我",而是社会总体意识或全人类的"自我",它是通过"自我"对自身和对象的不断认识发展起来的。费希特的辩证法以"自我"的能动性表现在"自我"与"非我"的辩证关系中,在此基础上进一步深入到主体对客体的把握,通过经历不断的能动发展的过程使其达到辩证的统一,这种统一并不是客体与主体的真正的统一,而是将主体与客体的统一融入到自我辩证的主体能力之中的具体体现,费希特完成了正题、反题和合题的过程,合题也是他哲学的终点。费希特通过正题、反题、合题的三段式的形式使康德的思维与存在、认识与实践之间的对立得到了和解同一,这种逻辑形式正是辩证法的对立同一的逻辑形式,为后来的黑格尔的辩证法中肯定、否定、否定之否定的辩证逻辑奠定了基础。

费希特是第一个将整个哲学基础建立在自我意识的原则之上的哲学家,他把知识的根源建立在自我的推演中并使其成为主体性的哲学,将"自我"发展为"全人类的自我意识",也就是"绝对自我"。而康德的先验哲学体系却将知识的根源建立在"自在之物"的刺激作用之下,费希特将"自在之物"设定为"非我",并以绝对的自我为根源阐发或设定一切对象和自我的存在,将关联性取消在绝对自我意识的设定之中,从而使他走向了主观的唯心主义。

2.1.3　绝对同一与自我的发展

谢林沿着康德哲学的思路欲与解决康德哲学中所产生的主体与客体的矛盾。谢林也从知识的角度来考察哲学的任务,他认为任何知识都要建立在主观与客观的一致性上,"一切知识都以客观东西和主观东西的一致为基础"●。在主观与客观之间存在着一个表象,知识的可能是建立在三者统一的基础之上的。谢林在建立自己的体系之前对费希特哲学进行了批判,他反对费希特以"自我"为

● 邓晓芒.德国古典哲学讲演录 [M].长沙:湖南教育出版社,2010:236.
● [德] 谢林.先验唯心论体系 [M].梁志学,石泉,译.北京:商务印书馆,2010:6.

原则的主客体的同一，这完全是自我推演出的自我意识与自身的同一。一方面，费希特的 "自我" 在整题和反题中是缺乏自我意识的 "自我"。在谢林看来，此种缺乏自我意识的自我并不能称作真正的 "自我"。另一方面，在合题之中的 "绝对自我" 并不是绝对的，绝对的意义在于无所限制，而 "绝对自我" 是受 "非我" 限制的 "自我"，"自我" 与 "非我" 之间又相互限制，又自相矛盾。当费希特的 "自我" 设定 "非我" 时，"自我" 的设定是无意识地创造 "非我" 的表现，"非我" 以何种状态呈现由 "自我" 来决定，"自我" 处于无意识的完全自由的状态。这样看来，自然界的规律也成了 "自我" 设定的结果，自然界将失去它本身的存在规律。当 "自我" 受到 "非我" 的限制时，"自我" 不再是 "绝对的自我" 而变成了 "相对的自我"，这与绝对自我的体系相矛盾。在谢林看来，费希特的 "自我" 设定原理缺乏科学客观存在的依据。"费希特的自我只是局限于主观的意识，不足以说明品汇繁多、千变万化的自然界精神本质"❶。在知识的形成过程中完全是 "自我" 设定的结果，而将客观的东西刨除在外，这样，知识将失去在事实中通过事物的客观表现，但是科学的基础应建立在客观事物的表象与对象的统一之中。在谢林看来，哲学的任务是要解决思维体与存在、自我与自在之物之间的关系问题。这种关系在谢林这里表达为表象与对象之间的关系问题，表象与对象之间的相互变化问题实则是对客体的认识与主体的实践的问题。费希特的哲学实则解决了 "非我" 如何依 "自我" 而变化，即对象如何依表象变化问题，也是主体的实践问题。而唯物主义所解决的是物质决定精神的问题，即表象如何依对象变化问题，也是对客体的认识问题。而康德哲学的二元论既没有解决对客体的认识问题，也没有解决主体的实践问题，而是将 "自我" 与 "自在之物" 处于对立之中。因此，谢林反对费希特以 "自我" 设定的原则出发所达到的同一性，更反对从康德的二元论的立场来解决知识的真理性，反对从唯物主义的经验确定性出发来寻找科学的根据。这样一来，谢林并没有按照原有的三条路径进行选择，他的出发点既不是思维也不是存在，而是在思维和存在相互对立因素之内的东西，即从自然方面弥补一个客观。因此，他的哲学既不来源于自我也不来源于自然，他将哲学建立在主体与客体、

---

❶ [德] 谢林 . 先验唯心论体系 [M]. 梁志学，石泉，译 . 北京：商务印书馆，2010：10.

有意识与无意识、观念的东西和实体的东西无差别性的综合活动的"绝对同一"或"绝对"之上。

谢林承认自己的哲学思想是一种客观唯心主义。在他看来,"绝对同一"是世界最原始的、思维与存在共存的无差别的同一状态,而是经过发展二者出现了分离,最后又复归"绝对同一",但其肯定的是"思维"与"存在"从"绝对同一"处生发,而后又复归。因此,谢林首先将"绝对同一"设定为知识的真正基础和根据。"绝对同一"既不来源于观念也不来源于自然,而是介于二者之间的理性与精神。理性与精神是对费希特"自我"的重新改造与发展,谢林将费希特的"自我设定自我"的原理发展成为主观与客观相一致的同一综合性命题。将"自我"发展为理性或精神意图使主体与客体或思维与存在所遵循的是同一个理性中的一致性规律。主体与客体之间的分离与对立在理性与精神之中达到了统摄,这种统摄的同一从存在状态及其数量与程度上来看具有主体与客体之间的差别,这种差别是建立在同一性基础之上的相对的、无本质的内在差别,但从质的规定性上来看是无差别的同一。谢林将这种存在上的个体差别称为绝对同一的"因次"。每一个有限存在的主观或是客观都被因次的系列所规定,无论是主观世界还是客观世界都不是孤立的存在,他们是从客观向主观发展的有机的整体的存在,同时通过主观因次系列与客观因次系列的相互补充以保证绝对的无差别性,整个宇宙正是这样的整体性的存在。任何事物都存在于理性之中,事物的真实存在及其规定只有在主观理性和客观理性的统一之中才能得到彰显。

谢林的这一"绝对同一"理论贯穿于从自然哲学到先验哲学的过程。无论在自然哲学阶段还是先验哲学阶段都以发展的一般公式层层递进,即从原始的"绝对同一"出发,并从中产生矛盾、对立与差别,而后又复归同一。但在自然界和人类社会的演变之中,由于思维和存在的矛盾、对立与差别,会呈现不同的内容和态势,这种"绝对同一"到"矛盾、对立、差别"到"同一"的公式总是以不断的新形式所呈现。在自然哲学阶段,原始的"绝对同一"产生矛盾,这种差别与对立表现在主体与客体、思维与存在之间,而客体是自然界中最初产生的,由客体生发主体、由低级向高级、由机械性世界向更高形态、由有机向无机、由无生命物到有生命物的这样一个从低级到高级有目的地发展演进过程。在自然哲学过程中,以物质作为主导反应潜在的精神发展到现实的过程,也就是对客体的认识问题。而先验哲学是以精神作为主导，并将历史带入其中，用人类的自我意识作为开端以创造客观世界的人类的社会历史的过程。谢林将人的自我意识的创造过程分成认识、实践、艺术三个阶段，并在艺术阶段完成思维与存在、主体与客体复归 "绝对同一"。

2.1.4　绝对精神中的辩证同一

黑格尔是德国古典哲学的集大成者，他的哲学直接受先驱康德、费希特、谢林哲学的影响，从而完成了在绝对精神中的同一性辩证法的哲学体系。康德哲学关注理性，并把它推到了至高无上的地位，但是对理性本身的运用问题进行了审视放在了一定的范围之内，而黑格尔反对康德对理性运用的限制，认为应继续提高理性的能力。康德在面对旧形而上学问题时认为，以往的哲学家用有限的知性范畴来把握无限的真理势必会陷入独断的原因在于没有考察理性的限度及人的认识能力。康德将人的认识范畴规定在了经验领域之内，将没有感性直观的经验基础的超验的形而上学的存在抛入到物自体的领域之内。这样，康德物自体的提出造成了世界二元分裂的状态，费希特从主观的角度提出了以 "自我设定非我" 的原则来解决，谢林从客观的角度以 "绝对同一" 的原则来解决。"费希特和谢林都同黑格尔一样曾经揣想到要在唯心主义的基础上提出一个类似 '精神现象学' 的东西，或者叫做 '理性发展的各个时代'，或者叫做 '自我意识的前进历史'，或者叫做 '意识发展史'。但是，费希特、谢林所以不能完成像 '精神现象学' 这样的体系，主要因为他们缺乏黑格尔的 '历史感' 和系统的辩证方法。"❶黑格尔站在了斯宾诺莎哲学的立场，将物自体归结为客观的规定性回归于物的本质属性，将辩证法作为方法克服二元论造成的不可知论，从而解决了思维与存在的同一性问题。

康德将人的认识能力划分了界限，物自体领域是人类无法知道的。黑格尔批判康德的不可知论，原因在于康德将知性和理性划出了界限，当知性上升为理性的时候便出现了矛盾，对于康德面对矛盾时的态度以及对理性的范围所作出的限制，黑格尔持批判态度。黑格尔首先对康德考察认识的做法进行了批判，

❶ [德] 黑格尔 . 精神现象学 (上)[M]. 贺麟，王玖兴，译 . 北京 : 商务印书馆，2010：22.

在黑格尔看来，考察认识的做法应该在认识的活动过程中才可以进行，考察本身带有认识活动的色彩，当考察成为一种获得或传递绝对本质的工具时就已将主体与客体或者思维与存在之间划清了界限，主体在认识活动当中所呈现的对象只能是现象世界而不会是超验世界。黑格尔认为，在康德的先验构造中从感性直观所获得的材料及其知性范畴都是自我意识之内的思维性的主观性活动，这样就不与事物的本质相联系而只能认识事物的现象，事物的本质被划定在物自体的范围之内使其成为没有规定性的空洞的抽象。黑格尔肯定了康德对知性与理性的划分及其理性在把握物自体时会陷入矛盾的看法，同时辩证法在康德那里又得到了重新的重视也是黑格尔所赞扬的。在康德这里辩证法是消极的，这种将辩证法理解为理性自身的"先验幻相"是不可避免又无法消除的。黑格尔所反对的是对世界的有限与无限割裂的看法以及将人类的认识予以限定的方式。康德的这种做法是"划分感性与理性的界限，规定感性原则的有效性和限度，是从不可知论出发，是要限制经验知识的范围，把它限制在现象界，不许它过问本质或物自体"❶。但黑格尔认为矛盾无处不在，它存在于万事万物之中，而康德只看到了四个矛盾，并认为理性认识自在之物便会陷入"理性的谬误"或者"先验幻相"以此来回避理性的能力。而黑格尔认为理性可以通达物自体，但要把知性的思维方式转变为辩证的思维方式，当理性把握无限以及本质时，所陷入的矛盾是可以解决的。矛盾及其差异性在康德看来是事物的幻相逻辑以及不可知论，但在黑格尔看来，矛盾及其差异性是认识事物本质的根本原则并被其称为辩证法的核心内容。当矛盾来临的时候，理性应该积极地去应对，去扬弃，从而走向新的同一。理性的作用在于从同一走出，积极面对矛盾，通过矛盾自身的运动而走出自身又回归自身的过程，从而超越思维与存在、理论与实践、自我与自在之物之间的关系问题，达到最后的辩证同一。在对康德的哲学进行批判与改进之后，黑格尔认为费希特将思维赋予了实践的能动性，在思维的逻辑范畴中将实践和理论通过自我进行了统一。但费希特哲学的自我设定的方式所推演出的逻辑范畴的系统带有能动性与否定性，这种自我设定的方式局限在了主体范围之内，将"自我"作为思维的出发点是错误的，"自我"设定

---

❶ [德] 黑格尔. 精神现象学(上)[M]. 贺麟，王玖兴，译. 北京：商务印书馆，2010：9.

"非我"并不是"自我"本身的矛盾，而是"自我"为了限定本身而设定出"非我"，"自我"的本质并没有被真正认识，"自我"是被虚构出来的，仍然无法达到思维与存在的同一。黑格尔完全赞同谢林将思维与存在的同一原则作为哲学的出发点，以将"绝对"中包含的对立、差别与矛盾也一并赞成。但黑格尔反对的是谢林将思维与存在的同一看成是绝对的无差别的静止的形而上学的同一，也就是黑格尔认为那并不是绝对无差别的同一，而是有差别的同一或具体的同一。谢林认为从同一走向差别、对立和矛盾是靠无意识的欲望，但黑格尔反对此观点，并认为同一本身就带有矛盾性、对立性和差异性。因此，黑格尔将矛盾的差异性引入辩证法之中，将知性的形而上学的思维方式转变成运动的发展的理性的辩证思维方式，使主体与客体或思维与存在于绝对精神之中，最后达到彻底的同一。

黑格尔哲学的出发点并没有从费希特的"自我"的思维出发，也没有像唯物主义那样从物质出发，更没有从康德的从思维与存在的相互对立关系出发。而是站在了谢林的立场上从一个更高的统一体之中出发，黑格尔将谢林的"绝对"或"绝对同一"替代为"精神"或"绝对精神"，其辩证法的否定之否定过程将主客观精神同一。知性的思维往往会陷入独断是由于知性思维使事物处于静止状态并寻求其中的同一性，同一性并不构成事物的全部内容，规定了同一性的同时意味着否定了差异性。黑格尔的辩证法正是拾起被遗忘的差异性，以差异性即矛盾作为辩证的起点来解决思维与存在的关系问题。在黑格尔看来，事物的存在状态是包含着不同规定性的存在，差异所体现的是事物之间的规定性的差异，差异性成为了事物的全部内容。"一切事物都是有差异的，或者说，没有两个彼此等同的事物。"❶规定性之间的差异性或者是矛盾性必然产生事物内部或事物之间的对立和冲突，而这种对立和冲突规定了事物发展的动力和方向，当事物有了发展的动力与方向时，事物按其否定式的或者扬弃式的发展状态在一定的限度内保持着事物是该事物的存在。黑格尔在明确了辩证法的存在方式、动力及运动状态的基础之上来解决康德的物自体问题或者是思维与存在的问题，当思维与存在达到同一的时候也便达到了真理的内容。黑格尔将康德

---

❶ [德] 黑格尔. 逻辑学(下卷)[M]. 杨一之，译. 北京：商务印书馆，2011：43.

的物自体规定为物的规定性的存在,"每一个都不是在一个他物里,而是在自身里,具有其规定性"❶。物的规定性的存在是否定发展的,思维的规定性要与物的规定性的变化保持同步,这就需要存在于理性之中的概念自身也运动起来从而表达出无形的规定性,这样理性之中的概念运动就能超出康德的知性范畴。对于黑格尔绝对精神之中的辩证同一更需要前者的基础,需要主客体同时存在着同一个规定性,主体在黑格尔哲学当中意味着思维的形式,这种思维的形式来源于康德的先验范畴并注入了思辨的概念运动逻辑方式,它是与生俱来的存在于主体之中并把握着事物自身的客观逻辑,即客体的规定性。当客体的规定性与主体的规定性达到一致时,黑格尔用绝对保证了主观理性与客观理性的统一。"所谓统一,指总念与现实,过程与结果,知与行,存在与应该的统一。"❷黑格尔的精神是认识绝对的过程,主体对客体的认识及其主体对自身的认识都是主客体认识规定性的过程。在黑格尔看来,现实事物表现于概念的异化当中,概念的自我认识及其扬弃对象的表现都是认识绝对精神的环节,主体思维形式中的概念自身的辩证运动也是主客体双向认识的绝对精神的运动与发展。于是,人的理性完成了它在认识领域发展的最后阶段,达到了主体的绝对至上性,黑格尔的真实目的在于绝对精神指向理性的绝对自由状态和至上境界。"同时我们知道,黑格尔虽是第一个明确提出反形而上学的思维方式的人,然而他是在唯心论体系笼罩下,站在唯心论的立场去反对形而上学的"❸。他之所以批判形而上学是为了建立他的绝对精神的思辨哲学,通过建立抽象的运动来把握活生生的实在而达到的同一性构成了黑格尔辩证法新的形而上学的基础。

黑格尔用辩证法解决了主体与客体之间彻底的同一性问题,并由此成为了同一性哲学体系的代表。阿多诺的"否定的辩证法"所针对的对象便是传统哲学体系的同一性问题,黑格尔也无疑成为阿多诺否定辩证法所批判的靶子。虽然阿多诺大量地批判了黑格尔,但他在批判的基础上继承了黑格尔辩证法当中的差异性及其否定性,同时也强调理性在辩证法当中的作用,黑格尔最终所指向的自由也是阿多诺毕生所追求的目标,只不过自由的实现方式及其自由关注的对象不同

❶ [德] 黑格尔. 逻辑学(下卷)[M]. 杨一之,译. 北京:商务印书馆,2011:47.
❷ 贺麟. 黑格尔哲学讲演集 [M]. 上海:上海人民出版社,2010:200.
❸ 贺麟. 黑格尔哲学讲演集 [M]. 上海:上海人民出版社,2010:72.

而已。阿多诺认为理性本身并没有问题,问题在于理性之下所实现的同一性的形而上学的思维,阿多诺所要建立的是理性非同一性的哲学形态,这种哲学形态的建立仍然需要辩证法的存在。阿多诺虽然继承了黑格尔辩证法的否定性及其差异性,但否定是要彻底地否定,毫无任何肯定地否定,阿多诺正是在批判黑格尔的基础上来继承黑格尔的合理因素并建立起了自己的否定的辩证法。

2.2 现代哲学革命与同一性辩证法的终结

现代哲学的革命体现在对传统形而上学的批判之上,黑格尔以及黑格尔之前的辩证法理论都未脱离传统哲学形态的同一性思维框架。而辩证法起源于古希腊哲学,古希腊哲学将世界分为现象和本体,同时也将人的认识分为感性和理性,辩证法的目的就是要人类的理性通过事物的表象达到对本体的追问。无论对本体的追问是从自然本体还是到精神本体,都是通过还原论的思维方式进行追问。一直到德国古典哲学试图摆脱自然本体与精神本体的对立关系,最终在黑格尔处用抽象的概念作为中介消解了二者的对立,才完成了思维与存在的同一。同时也意味着在黑格尔哲学处所完成的传统形而上学的顶峰。

传统形而上学的最终表现形态于理性的同一性之中,用理性所建构的哲学体系由于受到传统形而上学对最高实体本体论的追求的影响便与现实生活及其科学发展相脱节,即使在辩证法的方法作用之下使其成为一切知识的基础,最终也走向了作为超验意义上的抽象的形而上学体系。这种体系在抽象的意义上最终被称为科学之科学,被运用到资本主义社会当中,同时成为论证资本主义社会合理存在的工具。传统的形而上学理性的、丰富性的目的是使人达到绝对的自由,这种自由的体现是在理性发展的绝对至上化与狭隘化中实现的,人的自由更体现为脱离现实的抽象化与整体化。西方传统哲学无论是理论上还是在现实当中都出现了种种问题,对现实的迫切关注迫使西方传统哲学发生重大的变革,这主要体现在对西方传统形而上学的批判之上,叔本华以"意志"来批判传统形而上学中的理性,断而通过非理性的意志化哲学建构了他的真理之路。克尔凯郭尔以绝对的个体内在生存作为基点完成了自身内在生存史的体系建构,以此来批判理性框架下的传统形而上学。尼采则彻底摒弃传统哲学语言和哲学方式，而通过权力意志的原则代替了理性。因此，叔本华、克尔凯郭尔、尼采将人的意志作为人的真实的存在，开启了人本主义思潮。而另一个思潮是实证主义，第一代和第二代实证主义共同筑起反对形而上学的围墙。西方现代哲学对传统形而上学的批判必然包括对同一性辩证法的批判，形而上学的终结同时也是同一性辩证法的终结。

2.2.1 现代哲学的革命与转型

从19世纪上半叶开始，经济矛盾的爆发导致资本主义社会成为理想社会的美梦成为泡影。当然，现代西方哲学的兴起并不仅是时代问题，其发展无论在理论上还是在现实上都陷入了困境。近代哲学发展的同时，自然科学的发展也极为迅速，自然科学所产生的实际结果在哲学思想上并不具有可靠性和确定性，具体表现为哲学基础和方法上的不确定性，近代哲学在追求知识的可靠性和确定性上构成了其主要特征。由此，"主体"概念成为此阶段哲学的核心，也就是它的替代词"理性"构成了主导，知识来源于经验，真理的裁判在理性一方。这样，主体与理性互为表里构成近代西方哲学。而主体与客体之间归属于不同范畴，主体对客体知识的认识的不确定性更加明显，从经验论出发最终导致了不可知论与独断论。康德以此转到从理性批判入手解决知识论的困境问题，以保证理性的使用范围和界限，其目的是保证知识的客观确定性。康德之后，费希特、谢林、黑格尔都在致力于打通物自体与现象界之间的关系问题，要将主体与客体、思维与存在同一起来。而黑格尔所认为完整的统一仍然是站在理性的立场上，甚至将理性宣扬到极致，并冠以"绝对"的意义，成为了具有存在本质形式的存在理性，甚至是绝对精神的根本内容，感性的偶然性和非理性以及个体性的因素在黑格尔那里没有任何地位可言，将近代西方哲学的矛盾更加极端化。这需要对近代西方哲学本身及其社会的基础进行挽救与弥补，只有这样才能适应现实社会的变化需求，对处在危机与困境之中的西方资本主义予以挽救。在此过程中越来越多的哲学家提倡反对近代哲学，这种反对的呼声表现在反对从笛卡尔到黑格尔的思辨形而上学之上，因为"这一时期的哲学有很大的缺陷，基本上是机械的、形而上学的；辩证法也为唯心主义者所发挥；在对认识论的研究中由于把经验或思维片面化、绝对化而走向了怀疑论或独断论并归根到底转向唯心主义;在社会历史领域内唯心主义始终占支配支配地位"❶。形而上学研究的是第一性原则的问题,因此面对的对象是超验世界的整体的存在与实在问题。在形而上学方面,近代西方哲学以传统为主线,以研究世界的本质为核心要义。要么以神学传统的上帝来解释实体,要么以精神或物质的来理解形而上学,要么将实体抛到不可知论领域或认为其没有意义,要么用最高概念作为形而上学的答案,但这种做法彻底将形而上学推到绝境。概括总结出西方近代哲学包含两方面内容,一方面是关于认识论转向问题,另一方面沿着传统哲学思想追寻超验实体,忽视对现实与个体生命的关注,继续形而上学的传统路线,造成理论和现实的脱节,有实践成分也是在思想中的实践,这样便失去了指导现实的功能。因此,从社会、政治、历史、文化等原因来看,现代哲学的革命与转型尤为必要。"现代"这一词汇意味着与之前的时代有所区别,"这个现代,就是资本主义时代。它始于文艺复兴,一直延续至今。它的政治标志是合法国家;经济标志是市场;社会标志是个人;意识形态标志是理性、科学、进步和自由"❷。从黑格尔哲学之后便由思辨转向到了实际,也就是从精神的思辨性转向到了真实的世界与实在的自然之中。同时,科学知识的不断发展使思辨知识、信仰知识等抽象的知识失去了合法性,经验主义和实证主义成为这个时代的主旋律。现代西方哲学的革命与转型表现在对长期以来西方近代哲学所形成的形而上学体系的批判中,他们所关注的重心不是同质的、未分化的机械团结性的共同体,而转向分化性、异质性的个体生活。

西方现代哲学的革命与转型的过渡体现在黑格尔之后所形成的对传统形而上学的批判之上,在对传统的形而上学的批判过程当中形成了两大哲学思潮。以叔本华、克尔凯郭尔、尼采为代表的非理性主义倡导关注人的个体生命、意志与欲望,打开了以理性为尊的形而上学独断的局面。他们"以夸大人的情感意志的作用,以致使其成为一切存在的基础和出发点的唯心主义哲学"❸。由此,他们仍然认为理性才是重估一切价值的手段,生命才是最终的目的。以此,他们开启了现代西方哲学中人本主义思潮的先河。另一个哲学思潮是以孔德和穆

❶ 刘放桐.现代西方哲学(上册)[M].北京:人民出版社,2000:4.
❷ 张汝伦.现代西方哲学十五讲[M].北京:中信出版社,2020:23.
❸ 刘放桐.现代西方哲学(上册)[M].北京:人民出版社,2000:71.

勒为代表的第一代实证主义。他在理论层面对德国古典哲学进行了扬弃,"它的主要特点是在反对形而上学的口号下拒绝对物质和精神的关系这个哲学基本问题作出回答,把哲学和科学以致人的一切认识局限于人的经验所及的领域,即现象领域"❶。第二代实证主义的出现即马赫主义通过维也纳学派代表的新实证主义与以孔德和穆勒为代表的老实证主义之间架起了桥梁。它们共同的目的是拒斥传统形而上学,把科学及其经验作为寻找确定知识的手段与典范。由此,开创了现代西方哲学中的科学主义思潮。与此同时,新康德主义与新黑格尔主义主张恢复德国古典哲学,这些流派大都在继承黑格尔、康德的思想的基础之上又有新的发挥与发展。随着人本主义和科学主义的进一步发展,现代西方哲学对传统形而上学的批判也是从多方面展开的。以罗素和摩尔以反对黑格尔主义为起点建立起了分析哲学体系,"他们的矛头首先针对旧的、体系式的思辨哲学……通过对哲学语言的分析来澄清或取消传统哲学问题,通过对自然科学的逻辑分析来建立知识论,他们的基本方法是分析的"❷。摩尔认为哲学的对象应该转向日常语言的分析,之后维特根斯坦在此基础上发展了其观点。在经历了古代本体论向近代认识论的第一次转向之后,日常语言分析学派的出现使哲学的问题归结为语言的问题,这标志着近代认识论向现代语言哲学的第二次转向。与此同时,由胡塞尔开启了现象学运动,他以独特的思维方式将现象学作为哲学方法并用意向性来把握事物的本身,他为海德格尔的存在现象学、梅洛庞蒂的感知现象学、伽达默尔的解释学、萨特的存在主义等哲学家留下了痕迹。"与实证主义分析哲学的运动相比较而言,对经验主义一般持否定态度……实证主义和分析哲学一般不关心人生的意义问题、价值问题、人类历史的目的问题,而现象学家大都认为它们是哲学探讨的永远不可抛弃的主题"❸。之后的一些哲学家继续对传统形而上学做进一步的批判与反思,集中出现了一些哲学流派,如后分析哲学、解释学、结构主义、法兰克福学派等。他们集中对近代哲学的认识论进行全盘的否定,以反对传统形而上学的同一性思维为目的,进而对现代性做出全新的解释以获取对近现代哲学的重新认识。

---

❶ 刘放桐. 现代西方哲学(上册)[M]. 北京:人民出版社,2000:9.

❷ 刘放桐. 现代西方哲学(上册)[M]. 北京:人民出版社,2000:381.

❸ 刘放桐. 现代西方哲学(下册)[M]. 北京:人民出版社,2000:540.

2.2.2　"理性的落寞"与同一性辩证法的终结

早在古希腊时期人们就对世界的本质进行了追问，追问的结果便是人们依赖感觉所产生的判断对世界的本质或本性无法得到认识。理性作为人类思维的制造品，它是思维逻辑的一种体现，却在自身的合法性上得不到证明。作为客体的世界只能独立于人的主体之外，它自身不会向主体所展现，自在世界的本性就不会为主体所把握。人只有将感觉转向人的理性，只有从主体自身出发来了解事物的本质。从巴门尼德的"存在"到柏拉图的"理念"再到亚里士多德用"形式与质料"的逻辑和范畴作为主体认为的规则，都在寻找与世界本质上沟通的中介，但都未得到更好的解决。之后，人类向理性神寻找存在的理由。就此，欧洲文化从古希腊的理性主义转变为基督教文化，虽然这种传统神学在信仰之下是对人性的追求，在形式上这种信仰已被理性化。正如罗伯特·所罗门所说："在许多信仰者看来，信仰上帝以及知晓他是纯理性的事情，理性不仅不会与信仰有任何的冲突，而且还会为他提供支持。"❶对于信仰者而言在形式上似乎达到了对人性的追求，但由于宗教统治更加世俗化地发展，由内到外都散发着对人性压抑的专制色彩。从宗教的内容上或实质上来看，它是非理性的一个重要内容。"知性思维是人类理性发展到要超越于宗教以非理性原理解释世界的认知需要，其目的是以理性的、逻辑的确定的方式来消除非理性解释原则中的神秘主义。"❷近代大陆理性主义要求人们在现实中要提高理性，通过提高人的主体目标来彰显人性。他们的解决办法是将人与自然的关系或主体与客体的关系向人的主体内部进行转化，即转变成了思维与存在的关系，思维就是人的理性，存在是在人的思维之中的自然界。由此可见，主客体关系由原来异质的不可沟通性转变为可沟通的同质的思维与存在的关系，这种可沟通性需要人的主体的能力及方法。从笛卡尔的"我思故我在"确立人的主体性地位开始，经过斯宾诺莎的"实体"到莱布尼茨的"单子论"，再到德国古典哲学中康德的"人为自然立法"，并将知性与理性进行划界，人的理性的能力越来越强大。在黑格尔哲学当中，黑格尔用辩证法的差异性方法理性解决了康德的物自体问题，

---

❶ [美] 所罗门. 大问题:简明哲学导论 [M]. 张卜天,译. 桂林:广西师范大学出版社,2004:104.
❷ 叔贵峰. 青年黑格尔派宗教批判的逻辑演进 [M]. 北京:人民出版社,2014:22.

将思维与存在达到了彻底的同一,理性的权威也达到了绝对的至上性。

在理性达到了前所未有的高度之时,理性支撑下的形而上学曾受到过怀疑,康德虽然恢复了辩证法的地位,但将辩证法认为是"理性的幻象",黑格尔也对形而上学持否定的态度,认为形而上学是片面的、静止的,只有将辩证法引入其中,将主体与客体之间运动起来才能达到思维与存在真正的同一。但黑格尔在寻求真理或存在时所建立的哲学体系未能逃脱形而上学的束缚,使其哲学本身达到了形而上学的顶峰。现代西方哲学是对传统形而上学的批判,形而上学是通过理性的支持才使思维与存在达到了同一,对形而上学的批判自然也是对理性的批判,更是对同一性辩证法理论的批判。此时的哲学家们由于受到现实人的生存境况及社会问题的困扰,通过自我的反思寻求内在的荒谬与根本的原因,他们认为这是由传统哲学当中人们对形而上学的追求及其理性的信仰与权威所造成。哲学家们不再相信对形而上学的追求及其理性的权威,而是更加关心人的现实存在的意义问题。以孔德和穆勒、斯宾塞为代表的实证主义继承了17世纪以来的西欧贝克莱及休谟的经验主义传统,将实证科学作为哲学的基础,他们以自然科学作为方法论,以进化论及相对主义解释自然界以及社会的运动变化,使其在实证自然科学当中所获得的经验能为科学所检验。以叔本华、尼采为代表的唯意志主义将人的非理性情感当作人的真实存在,反叛传统的以理性为目的所实现的人与人之间普遍的自由的哲学形态及其现实社会,而将非理性的个人的自由性作为最终的目的。这种以实证主义的科学主义的倾向以及以唯意志主义的人本主义的倾向使理性的高高在上沉落在了人间。现代西方哲学所面对辩证法的理论都从反对黑格尔的同一性辩证法所谈起,"波普尔指责辩证法既能解释合乎意料的情况,也能解释出乎意料的情况,因而不包含被证伪的风险,所以是无意义的形而上学;海德格尔谴责德国唯心主义辩证法对语言的遗忘,伽达默尔认为黑格尔的辩证法虽然是对实体本体论的消解,但仍把自我运动的绝对理念看作本体从而存在着本体论上的自我驯服;英美哲学家甚至把黑格尔哲学看做是形而上学的典型形态……詹姆斯诅咒那个'该死的绝对',赖欣巴哈嘲讽黑格尔用'神秘的方式'说话。"❶黑格尔的同一性辩证法所实现

---

❶ 孙利天. 现代哲学革命和当代辩证法理论 [J]. 哲学研究,1994(7) :45.

的是对无限理性的追求，它力图为知识寻找着确定性、绝对可靠的基础，而没有另黑格尔想到的是在对绝对理性的追求与把握的过程当中却走向了理性的反面。同一性的辩证法作为形而上学的理论形态具有超验的意义，现代西方哲学对形而上学的拒斥是"理性落寞"的表现，"理性的落寞"以对形而上学的拒斥的表现使同一性的辩证法也彻底地终结了。

然而，在这些现代的西方哲学家中对黑格尔同一性辩证法的拒斥都没有实现彻底地批判。直到法兰克福学派的出现，阿多诺的"否定的辩证法"是针对黑格尔的同一性辩证法进行了彻底地批判，这不失阿多诺对其之前的哲学理论的根据，如对尼采及其叔本华所提倡的向个体生命原则的倾向，对柏格森、狄尔泰、齐美尔等生命精神创造及其心灵世界的独特性的认识等。总之，阿多诺的"否定辩证法"主张向个体生命的回归，强调对个体自由的实现。

2.3　法兰克福学派"否定的"辩证法的开启

法兰克福学派创始人霍克海默的批判理论是阿多诺"否定的辩证法"出现的前奏，阿多诺"否定的辩证法"的出现又成为了法兰克福学派批判理论的核心内容。要了解批判理论首先要了解"批判"的含义，"批判"原是古希腊词汇，代表着"评判的艺术"，它的应用范围从原有的政治实践范畴扩展到社会制度、文学艺术等范畴。而哲学上的"批判"存在多种模式，具体归纳起来主要表现为四种。第一种即批判的艺术范畴的文化批判模式，这种批判模式也可以做两面的理解，也就是可以肯定也可以否性，可以对观点、思想、立场等方面做出肯定与否定的批判，其目的是对其进行拯救。第二种是内在批判模式。主要表现为对形而上学的批判或纯粹理性批判的传统。这种批判本身带有审视和审查的意味并由康德发起，纯粹理性批判就是对于理性的认识能力和认识范围进行审视和审查，康德经过对理性的审视得出，理性的运用范围只能在现象世界，否则就会出现二律背反。黑格尔坚持这种内在批判的模式，在黑格尔看来理性不需要限制它的运用范围，理性可以通达自在之物，将这种批判贯彻到底，等同于否定的意义，但黑格尔最终仍然没有实现绝对的否定，而是包含了肯定的否定，从而实现的是一种非批判的结果。第三种批判是对社会现实批判的模式。

在这种批判当中表现最为彻底的是马克思，他既对政治经济学进行了批判又对意识形态进行了批判。马克思对社会现实的批判开始于对黑格尔哲学整个体系的批判，但就其辩证法方面马克思接受了黑格尔辩证法的合理成分，将黑格尔辩证法转换为实践辩证法。第四种批判是对第二种和第三种批判的结合，即对形而上学批判和对社会现实的批判。也就是法兰克福学派批判的模式。阿多诺对传统形而上学的同一性进行了批判，同时它也构成了社会现实的同一性原则，以此阿多诺将二者结合起来共同达到内在批判与批判现实的意义。法兰克福学派的"否定的"辩证法的开启便以霍克海默的批判理论为根基。同时，否定的辩证法也成为法兰克福批判理论的关注对象。

法国学者戈尔德曼曾认为法兰克福学派创立了一个共同的观点，便是否定的辩证法。但这并不等同于否定的辩证法成为法兰克福学派社会批判理论的全部内容，它还包括马尔库塞以及哈贝马斯等法兰克福学派其他成员的观点。也就是批判理论并不是统一和一致的，而是在批判理论中也会出现众多的差异和矛盾。第一代的批判理论家之间也存在不同的观点，甚至与第二代、第三代批判理论也存在着矛盾与对立的差异。批判理论第一期的发展从时间上来界定是在20世纪30年代初到60年代末，其中以霍克海默、阿多诺、马尔库塞、洛文塔尔、波洛克等人为代表，第一代批判理论家从解构的角度对批判理论进行建构并对工业文明进行了批判，其核心关键词是"否定"；批判理论的第二期也是批判理论的发展时期，其时间界定从20世纪60年代末到80年代中期，其代表人物包括哈贝马斯、施密特、弗里德堡等人，而在此处需要特别注意的是哈贝马斯，他本人的思想在前后期出现了转变，而批判理论的第二期发展阶段中是前期的哈贝马斯。在此时期以重建批判理论为核心，并对现代性进行了批判，其核心的关键词是"交往"。批判理论的第三期是从20世纪80年代中期至今，其主要代表人物为哈贝马斯、霍耐特、维尔默、奥菲等人，此时期的批判理论代表着批判理论的最新发展阶段。法兰克福学派的核心是批判理论，而批判理论源于霍克海默，它的主要思想是对传统理论的拒斥，它的"核心是对封闭的哲学体系的厌恶，如果以为它是封闭的体系，那就会扭曲它本质的开放性、探索性及未完成性……他们也抵制使其著作成为实证的、体系性陈述的诱惑。这样，批判理论正如其名字所提示的，是通过其他思想家和传统哲学的一系列批判来表述的,其发展是对话式的,其起源是辩证的,这也是它运用到社会现象上去的方法。"❶也就是说批判理论把传统形而上学所建构的体系称为一种封闭的体系,无论以何种方式只要形成体系就是令人厌恶的,而这种体系的建构是通过辩证法的方式,它的起源来自古希腊苏格拉底对话式的辩证法,并将这种辩证方式运用的现象世界。因此,批判理论集中体现在对传统形而上学理论及其实证主义的批判之上。从霍克海默思想发展的逻辑来看,对实证主义的批判是转向对启蒙理性批判的趋势,对启蒙理性的批判是阿多诺"否定的辩证法"出现的必然基础。

2.3.1 对实证主义的批判

法兰克福学派批判理论包括对实证主义的批判,对实证主义的批判是由法兰克福学派的创始人霍克海默对启蒙理性批判的思想成熟前的思想探索的重要组成部分之一,实证主义是维护现代性的重要文化意识表现形态,同时他作为一种感性意识影响着社会批判与变革,霍克海默对实证主义的批判奠定了整个法兰克福学派对实证主义批判的基调。"在法兰克福学派成员中,阿多诺是最一贯地表示厌恶本体论和同一性的人;同时,他也拒绝天真的实证主义。"❷他更是认为"实证主义的时代精神是对经验特权所作的变态反应"❸。"实证主义"一词不同以往西方哲学史中孔德和穆勒所开创的实证主义哲学的流派,实证主义在法兰克福学派当中的意义明显扩大了许多,它包括一些学科以及实证主义的哲学流派,在方法论上包括社会科学方法以及自然科学方法等。由此可以看出它更接近于科学主义的主张、经验主义的原则以及肯定性的思考方式。其核心要义是通过自然科学实证的方式以经验来拒斥主观理性。在霍克海默看来,用经验的方式拒斥主观理性能获得科学的真理。但实则走上了一条与形而上学相同的路径,获得科学真理是对一种既定事实的把握,这种方式仍然具有虚假性和抽象性,因此,抽象理性主义构成实证主义的本质。

除此之外,霍克海默还对实证主义的科学主义主张予以拒斥,也对后来阿

---

❶ [美] 马丁·杰.法兰克福学派史 [M]. 单世联,译. 广州:广东人民出版社,1996:51.

❷ [美] 马丁·杰.法兰克福学派史 [M]. 单世联,译. 广州:广东人民出版社,1996:84.

❸ THEODOR W. ADORNO. Translated by E.B Ashton .Negative Dialectics[M]. Routledge Press,2006:40.

多诺对科学产生知识体系的拒斥产生了深远影响。在霍克海默看来，实证主义在某种程度上与现存的社会秩序相一致，它保证了资产阶级对社会的控制及其对自己政治的维护。按照对实证主义批判的这一思路的发展，这将成为对启蒙理性进行全面批判的先声。

"在霍克海默看来实证主义最严重的问题是把事实和价值分离的要求"❶，从实证主义的观点出发，实证主义是将经验主义原则作为出发点，这主要来源于英国经验论所认为的经验是知识对象的来源，人只能通过语言的传递获取知识或感知在经验中被给予的东西，理论的真理性只能通过知觉来进行证实，一切概念也可以还原到经验当中去，现实的一切结构都是由现象的世界所构成。而现实的纯粹的经验是由科学所承认的，而上升到科学层面的经验是剔除了以往经验层面的形态，也就是去掉经验中感性的成分将其变得更加纯粹和科学。当现实的纯粹的经验由科学所证实的时候，这种纯粹的经验已变成了一种知识而存在，它将存在于主观因素中的一切干扰剔除，变成一种纯形式的逻辑经验主义，用逻辑中的判断取代主观中的感觉印象，任何涉及主观因素的内容经过逻辑经验主义的构造变成可被观察的对象，彻底拒斥主观因素带来的具有指导性经验的可能。因此，知识的表现的形式是普遍的可计算的东西，它便自然而然地成为了数学、物理学之类的知识。任何主观性的因素或者主体性的东西在霍克海默那里彻底被剥夺，这种带有"理性"倾向的因素的功能，即知识形成过程中的能动与批判作用在实证主义那里起不到任何作用。"只有经验——科学已经承认的严格意义上的纯粹经验，才能叫做知识。认识既不是信念也不是希望。人类知识的最恰当表述是实证科学。"❷因此，这种方式无论对于社会还是个人都要用科学的方法来加以研究，科学成为了安排一切事实的工具。当经验主义发展到现代，现代逻辑实证主义或逻辑经验主义将"经验主义与现代数理逻辑相结合"，这种科学哲学的产生仍然坚持对象的知识来源于感觉经验，与传统的经验主义所不同的是"经验的标准并不是感觉印象，而是表述印象的判断。科学的唯一任务是建立一个能够推出这类命题的系统，正如这类命题能由观察

❶ [美]马丁·杰.法兰克福学派史[M].单世联,译.广州:广东人民出版社,1996:75.

❷ [德]霍克海默.批判理论[M].李小兵,等译.重庆:重庆出版社,1990:134.

者的判断、由'记录句子'证实一样。" ❶ 逻辑实证主义将科学由传统的经验主义需要认识主体的感觉印象的确证转变为远离人的感觉观察材料的判断或者是命题系统，逻辑实证主义将世界变成了由句子和判断组成的逻辑世界。这种逻辑实证主义在霍克海默看来是通过科学的方式对"既定事实"进行的简单的记录，但是对于这些事实并不给予反馈，霍克海默称为"浓缩为一个点"。这个"点"具有抽象的意义，没有任何的规定性在里面，并不能构成人的真实存在。由此可见，实证主义以反对形而上学的主观理性为要，其结果所实现的却是连实证主义自身都并不自知的一个在幽暗处的形而上学的理性的主体。

霍克海默在辩证地分析了实证主义的基础上，对实证主义的经验原则进行了批判，这种批判态度成为法兰克福学派的一种基本立场。面对理性的主体，在霍克海默看来，之所以实证主义走上形而上学的道路在于所形成的经验主义原则，构成经验主义原则的核心内容是事实的中立性观点。霍克海默认为，实证主义所遵循的这种原则实则是实证主义的主观幻想，不存在排除任何理性的知识所中介的经验事实，并且只有经过人类社会实践以及历史的沉淀才能得到经验事物，这种割裂理论与实践、价值与事实、主体与客体之间的关系的做法必然导致错误性的发生。将人类欲望、情感、道德观念等涉及人性的东西或人类共同利益的东西与科学严格区分开，只把事实作为知识的构成，其他与主体相联系的任何因素都排除在外，这种做法是不可能实现的。完全抛开事物之间的联系或概念与概念之间的联系，科学只针对个别事物的事实本身进行具体的研究的做法，其前提就出现了矛盾。因为，事物本身在被接受与选择或是描述的过程中主观理性就已经参与，它作为一种中介形成感觉事实。这种将原有具有主动性的观察变为被动的直接过程，以此割裂的感知对象与活动之间的界限，将感觉观察和事实的感受完全看做一种纯粹客观或中立的东西，彻底排除了主观理性的影响或社会实践的制约。因此，霍克海默用感觉事实的来源与中介批判了实证主义的经验主义原则。

与实证主义的论战过程是法兰克福学派社会批判理论形成与发展的过程，霍克海默继续沿着西方马克思主义哲学的传统对科学的思维方式以及实证主义

---

❶ [德]霍克海默. 批判理论 [M]. 李小兵,等译. 重庆:重庆出版社,1990:138.

的方法进行了批判。虽然科学作为人类的心灵的工具使现代的工业体系得以完成，以信息贮存的方式支配着自然界以及人类社会，当它作为知识的储备在对现实的社会进行批判、审查与影响之时，科学的发展并没有证明实用主义的知识的正确性。因为"知识的成效性的确在其对真理的承诺中起着作用，但这里所说的成效性应当被理解为内在于科学的东西，而不应理解为追求外在目的的实用性。"❶对于内在于科学的东西，科学的方法在运用科学的思维方式解决问题时所面对的是现象中的存在问题而不是变动的问题，这就造成会出现僵硬的、拜物的概念，这源于内在于科学中的理性成分阻碍了科学的发展。以经验主义为基础的科学所存在的思维方式与理性主义思维方式有一定的内在联系，经验主义虽然对理性主义的概念进行了批判，但经验主义假定了一个永恒的存在形式，将其理论限定在确定的系统里，使其带有片面性、静止性、抽象性与机械性。例如物理学以及数学知识的形式都存在于科学的系统之中并寻找其确定的形式。这种实证精神和方法是科学所倡导的，这种思维方式所导致的后果是将个人整合到社会的机械环节当中，霍克海默对科学思维方式的批判意在转向辩证的思维方式，从而达到对整体社会的批判能力，将社会整体运动把握其中。实证主义对知识对象的发展实则体现出对社会真实状态的一种掩盖，它通过实证主义的科学方式对社会达以肯定，实则是对知识结构及其现实结构的僵死看待，从而导致了资本主义对人性的抽离。

2.3.2 神话即启蒙及其倒退

神话构成了古希腊文化的开端。神话以精神想象力的方式倾诉着人类的情感、述说着人类的历史。神话是人类文明的开始，是艺术与文化的源泉，同时也是启蒙精神的摇篮。神话的出现源于人们对自然神秘力量的崇拜，它用特殊的符号与象征进行内在联结，通过事件记录性的结构反应自然与社会的深刻内涵，人们只有通过神话的形式在观念之中达到人与自然的主客观的一致，但神话所给出的画面是对人类自然、历史与现实的曲折反应。看似天马行空的神话实则已参杂了人们对神话的记录与编排的过程，这种不知不觉的心理倾向似乎

---

❶ [德] 霍克海默. 批判理论 [M]. 李小兵，等译. 重庆：重庆出版社，1990：1.

带上了人类理性的味道，它早已成为人类的一种思维方式，随着时间的推移以及人的理智发展的不断成熟，神话由原来的人们对美好的崇尚逐渐演化为约束人的教条、规章及制度。人对神话的创造过程就是对人自己本身的创造过程，人只有通过世界的秩序及其规范的把握才能够真正地认识自己，将杂乱无章的存在以神话的形式在观念中幻化为被管理的存在物。似乎神话与启蒙之间存在着某种历史的必然性，神话与启蒙从本质上来看都有对自身生活的忧虑与担心，都有对美好生活的向往。神话以其幻化的形式将人的情感意志融入其中并通过对神的崇拜来缩短人与自然之间的距离，表达了人通过神话对自然进行了征服，同时启蒙以理性的形式表达对神话的抗拒从而获得人对世界的主宰的权利，启蒙的主体性精神也得以体现。启蒙与神话之间虽然在形式上是对立的存在，但从本质上来看"被启蒙摧毁的神话，却是启蒙自身的产物"❶。

　　而对于启蒙有广义和狭义之分，从广义上来看有三种解释，其中之一便有解释、澄清、说明的意义，并以此上升到涉及政治与世界观层面的教育与教导含义，再进一步便有建立在理性基础上的探寻与探究的含义。从狭义上来看，启蒙被限制在18世纪的德国、法国和英国，此时期的教育与科学占主导地位，用教育与科学反对下层群众中的任性支配，即包含一切非科学的事物。因此，启蒙是被看作为一种智慧而存在的。在霍克海默那里，启蒙从古希腊的神话开始便被开启了。现代性的源头要追溯到启蒙，启蒙要以理性观念作为引领。在启蒙之前人们以宗教原则为指导，神话逻辑占世界的主导地位。直到16世纪的新教运动与18世纪的启蒙运动打破了神话世界的统治，确立了以理性为原则基础的现实社会生活。"经验哲学之父"培根是启蒙理性的开拓者，他首次将哲学与神学进行了区分，并采用归纳法规定了启蒙的主旨。"启蒙的根本目标就是要使人们摆脱恐惧，树立自主……启蒙的纲领是要唤醒世界，祛除神话，并用知识替代幻想。"❷培根与路德共同认为，人类可以通过知识来战胜与支配自然，而这需要主体投入到实践与劳动中去，只有在科学与实践的统一当中才能实现造福人类与改造世界的目的。只有通过科学技术以及理性才能使人们从宗教与政治的统治之中解放出来，人类实现自身的真实解放同时成为世界的主宰。在

❶ [德] 霍克海默，阿多诺. 启蒙辩证法 [M]. 渠敬东，曹卫东，译. 上海：上海人民出版社，2005：5.

❷ [德] 霍克海默，阿多诺. 启蒙辩证法 [M]. 渠敬东，曹卫东，译. 上海：上海人民出版社，2005：1.

康德那里，启蒙的作用就是要将理性从教条的神学之中拯救出来，只有把这些传统和教条经过理性的审视与审查才能达到启蒙的意义。"也就是说，启蒙就是拒绝所有不经过理性批判和质疑的传统、习俗和教条，所有的东西都要经过理性的审查；或者说，通过独立地运用自己的理性能力，克服主体自身的不成熟状态和不完善状态，就是启蒙。"❶在霍克海默看来，启蒙的作用也是如此，神话的出现本意是人类要战胜自然，摆脱恐惧。而通过启蒙祛除神话，就是让知识占领神话的地位，用知识树立自信的方式试图唤醒世界。知识意味着主体内部的思想，这也构成了启蒙的本质，启蒙拥有了具有支配和统治意识的地位。这种来源于主体内部思想意识的启蒙试图用知识掌控一切，以摆脱迷信与权威。但事与愿违，在现代社会的工业文明之中，启蒙精神与启蒙理性并没有获得人类的人性本真状态，而是倒退到了野蛮状态，人类中心主义的立场出现，使启蒙的美好愿望陷入到了灾难之中，这种工具理性至上的启蒙，必然走向功利主义的趋势。

从启蒙理论的开启至霍克海默、阿多诺对启蒙理性的批判，在启蒙理性中，神话的地位意味着源头，在人类文明形态的初级阶段启蒙理性就孕育在了神话之中，神话中的诸神地位与阶级的演变过程实则蕴藉着理性的演化，无论是从前苏格拉底哲学还是柏拉图的理念论实则都体现了神话与哲学在理性维度上的演变，以哲学意义上的罗各斯体系代替了神话上的权利及其等级制度的划分，这正是一种理性形式的形式逻辑的表现，同时进一步印证了霍克海默与阿多诺对"神话已经是启蒙"的断言。启蒙理性的发源在神话，同时在神话中，神人的同形同性意味着人类主体性对自然的折射，也就是将人类的主体性意识被动地嵌入到神话之中，人类主体的精神力量便成为调节和控制自然的能力，人类主体变成了纯粹主观的主体，自然变成了具有纯粹客观性的自然。因此，变成了霍克海默所说的"神话变成了启蒙"。理性主体性的发展在德国古典哲学黑格尔处达到了最高完成度，即实现了理性的同一性。实则这种理性同一性早已在神话中的本原、规范、普遍权利等被必然性原则宿命论表征，必然原则的宿命论是神话叙事结构中的自然循环、统治与命运等范畴，而这些范畴被哲学挪用

---

❶ 张志芳. 霍克海默的理性批判研究 [D]. 上海：复旦大学，2012：48.

到启蒙理性中对知识与内在规定性的寻求。因此，理性同一性的发展过程，实则就是神话的发展过程，二者具有同构性。在霍克海默与阿多诺看来，神话与启蒙之间的相互映照实则反应的是对现代性的规范，能够确认的是神话即启蒙及其倒退是对现代性持批判态度的表现，神话的世俗化变成了理性的狂妄，理性作为支配自然力量及其科学技术的基础，不仅使宗教权利得到了消融并使神话世界祛魅，也使理性成为了资本主义社会得以运转的理论基础。在此基础之上，资本主义的发展并没有停留在经济领域之中，而是更多地转向了上层建筑，社会的各个领域都将采取资本主义的理性化原则，"这种资本主义的理性化本质上取决于最为重要的技术因素的可计算性。不过，这在根本上意味着它依赖于现代科学的独特性，尤其是以数学和精确而理性的实验为基础的自然科学。" ❶ 就这样，被有效性、可计算性来衡量的工具统治的社会成为了资本主义社会合理存在的方式，同时工具理性也将人束缚在了自己所编制的铁笼之中，进步的神话被工具理性击碎，人的个体性在资本主义的机械面前泯灭，财富成为支配和诱导大众的工具，在理性工具面前人们止步于物化的世界。

　　霍克海默与阿多诺对启蒙理性进行了彻底的批判，启蒙理性的目的是要建立一个体系的世界，使人们获得整体性的自由与解放。从巴门尼德到罗素，理性在同一性的口号之下将神话与多质消融在体系的建构之中，同一性的最终可能便是将人类主体与物质客体达到和谐的一致，而这意味着理性利用一切他者以及自然界对世界普遍性真理进行追求。在这一追求的过程之中，人们丧失了对自我反思的能力，理性是摆脱神话的关键与核心，被启蒙的世界将理性贯穿的各个领域。在生产方面，社会分工成为可计算性标准的原则，在这种量化标准之下技术与知识的飞速发展取代了人的积极性，人们的生活变得越来越安逸，而统治阶级的权利得到了进一步的巩固。在思维方面，量化思维和可计算思维成为人们主要的思维方式，人类一切问题的正误都由量化标准来衡量，这种绝对和偏激的做法并没有使启蒙原理神话，而是这种量化的绝对化离神话又进了一步。在社会方面，理性的无所不能贯穿到社会制度上，通过理性公式进行设计的社会制度去支配人的权利越来越精密，在这种精密制度下人没有任何自由

❶ [德] 马克斯·韦伯. 新教伦理与资本主义精神 [M]. 李修建，张云江，译. 北京:中国社会科学出版社，2009:10.

可言，这种社会制度成为了人类自由的牢笼。因此，理性的量化标准通过公式与概念之中得到了普遍确证。无论是从生产领域，还是社会领域，异质性与差异性及其特殊性与个体性都消融在了工具理性的同一性之中，神话被理性所战胜。具体表现在三个方面，第一方面，启蒙理性用科学的自然力量将外在自然去神秘化，这是对外在自然的开化。但这种外在自然开化的方式必然导致人类对自然的野蛮控制，以此引发人类的生存环境与人类的命运，进一步加深了主体的异化。第二方面，内在自然的开花表现在启蒙理性将人类从宗教的原罪之中释放出来。从宗教道德与原罪中解脱出来的启蒙理性投入科学技术的进步之中，在获得知识权利的同时丧失了道德水准。第三方面，启蒙理性解构了宗教、君主与贵族三位一体的结构形式，这是一种社会自然的开化。启蒙理性解构了此种三位一体的结构模式投入到现代化的生产与生活中去，而现代化的生产与生活提供了另一种社会科层的牢笼，也就是受理性程序规则的束缚。理性的同一性原则或理性程序规则将人们从宗教及其神话的统治中解放出来，使人们获得了自由与平等的机会，理性在发展过程之中依靠概念来建立起同一性的原则，并通过概念体系达到最终的真理，真理在人们的意识领域之内与现行制度达到了内在的连接。启蒙理性虽然消除了旧的神话，但理性的异化、工具理性的出现使主体被科学技术工具所主宰，这种僵化的理性同一性又变为新的神话重新统治了人类，启蒙在自我批判能力丧失的情况下又倒退为神话。

2.3.3 "否定的"辩证法的开启

否定的辩证法的开启是在启蒙辩证法的逻辑的基础之上而进行的，它继承并发扬了启蒙辩证法当中对理性同一性及其对实证主义批判的传统。启蒙当中的自我被概念化所毁灭，它以总体性为目的使自身处于两端之间，当神话已经是启蒙，启蒙在概念的僵固下把客观的外在自然与压抑的内在自然相统治时，使自身又倒退化为神话。造成这种后果的原因在于人们将外在的客体存在内化到主体自身之内，主体的过分设想导致了理性发展的绝对至上，当新的科学出现的时候却放弃了思维的中介，进而转入的是程序、公式化的中介原则。在阿多诺看来，启蒙思想的概念中介以及在这种思想概念之中所掺杂的社会机制程序化及其工具化的历史形式导致了当时社会衰退的迹象。而这一切与传统的形而上学的同一性原则是密不可分的，这一原则的秘密在于理性抽象性的量对多样性的质的统治，这种同一性体现在现实当中是人们通过统一公理或标准来表达普遍性的逻辑关系——形式逻辑。"形式逻辑是统一化的大学校，它为启蒙者提供了预计世界的公式。最后，数成了这一逻辑的表现形式……于是，这样一切质的东西都被摧毁了，留下的只有公式与一般性的形式。"❶主体思维依靠形式逻辑对数学公式进行表达摧毁了一切质的东西，人与世界的统治完全归于抽象形式的一般。个体的人泯灭在了集体性的孤独之中，人逐渐地走向了类本质的行列，被技术理性所统治的人类失去了反思的能力被迫顺应形势，原本启蒙理性是想让人在世界之中掌握主动权，人通过理性获得在现实生活中的绝对自由。而精神的异化却使理性发展为技术理性或工具理性，主体思维失去了原有的自主性而陷入到了统治形式之中，这种被管理的世界使人类毫无自由可言。从理论上来看，人们对启蒙的拯救性力量失去了信心，只能转向启蒙自身之中寻找其启蒙衰退为统治原则新的神话的原因。从现实上来看，由于理性的异化，工具理性的出现使思想本身变为实证性的过程正是这些公众社会的参与所造成的，作为科学意义的经验语言更多的是对这一状况的赞同。"启蒙理性的同一性之现实社会本体，就是资本主义的市场经济之商品等价交换原则，这是一种很重要的关联性指认。我们将看到，这一点后来成为阿多诺批判同一性的主要社会历史基础。"❷无论从理论来看还是从现实来看，只有用批判来消解这一切才能达到批判理论对人类警醒的目的。

从 "否定的" 辩证法的字面来看分为两种层次的内涵。其一，"否定的" 而不是 "否定"，这主要是不仅与传统的 "否定" 辩证法区别开来，更重要的是将 "否定的" 意义突出对 "同一性" 及其 "实证性" 的否定。在此基础上，阿多诺要重新建立或定义辩证法，这种方式是否定的或否定性的。其二，"辩证法" 的意义不同于以往辩证法中所推举的三段论式的环节，即否定—肯定—否定之否定的过程，而是不包含任何肯定的辩证法，拒斥辩证法中关于形式逻辑的部分。从阿多诺《否定的辩证法》的整体逻辑结构来看，由前言、导论、第一部分、第二部分以及第三部分构成。从结构上看此书似乎没有任何体系可言，阿

❶ 陈胜云.否定的现代性——理解阿多诺 [M].兰州:甘肃人民出版社,2005:7.
❷ 张一兵,胡大平.西方马克思主义哲学的历史逻辑 [M].南京:南京大学出版社,2002:357.

多诺甚至是反对体系的。但终其目的而言阿多诺正是通过反体系的观念建立起他的理论体系。从核心思想来看：第一，否定辩证法的理论基础在于对非同一性的肯定，这也是否定辩证法建立起来的关键因素。阿多诺的"否定的辩证法"预先不会采取任何的立场，这种立场的预设包括对主体或者客体的事先预设。在阿多诺看来，任何事先的预设都是对本体论的追求，都是在清除思维外在的东西，最终导致主体对客体的吞灭，其目的就是形成以同一性为基础的概念的体系。阿多诺就是要纠正传统辩证法以追求同一性为目的的错误目标，首先从概念入手，将概念性的方向转向到非同一性上来，矛盾意味着非同一，同一在阿多诺这里没有任何地位，并用非同一对同一予以绝对的否定，以巩固否定辩证法的理论基础。因此，"他的否定的辩证法讨论的主体就是'非同一性'"❶。第二，否定辩证法具有反体系、反传统、反概念的特征。在阿多诺看来，"任何概念都不能与自身对象完全同一，因为概念自身已经包含了非概念。所以，概念与对象之间是非同一的。这样，否定辩证法就要致力于'通过概念而超越概念'，从根本上清除对概念的崇拜"❷。他的否定的辩证法是以非体系的形式对整个西方理性主义传统的批判，并将非体系或者非整体性作为他整个理论的基本论调，排除任何朴素认识论或形而上学实在论的方式。第三，阿多诺"否定的辩证法"以"被规定的否定"强调矛盾性。在阿多诺看来，传统辩证法采用的是三段论的形式，通过辩证的否定过程即否定之否定所达到的肯定已经包含在否定因素之中。而阿多诺的辩证法拒斥任何肯定因素，认为矛盾的本质在于否定，这种否定是被规定的，其本身是没有办法否定的。第四，否定辩证法所要达到的目的是建构瓦解的逻辑。以瓦解的逻辑进行批判的是传统意义上的哲学，用差异性的思维方式批判传统哲学，尤其包括黑格尔的辩证法与海德格尔的基础本体论。其中包括形式、绝对与相对、主体与客体等诸多本体论哲学、二元论哲学、体系哲学在内的形而上学进行了批判，并将这种批判转向到文化批判领域，对意识形态、工业文明以及工具理性等社会现实进行了彻底批判，其批判的原因在于资本主义工业文明中的交换价值，交换价值遵循同一性的原则，

---

❶ NICHOLAS JOLL. Adorno's Negative Dialectic: Theme, Point, and Methodological Status[J].International Journal of Philosophical Studies, 2009, Vol.17(2).

❷ [德] 阿多诺. 否定辩证法 [M]. 王凤才，译. 北京：商务印书馆，2019：14.

以此误导人们认为个体与社会是和谐与统一的，其二者之间的统一的实质是个体被压抑在社会总体之下的虚假统一。因此，否定辩证法的目的是尊重个体差异性，使个体的人从社会总体的强制中得到解放。

阿多诺"否定的辩证法"从它的内在逻辑来看，他对辩证法的态度作为对现实世界的物化及其对同一性哲学体系的对抗，这种对抗的倾向是对非同一性的渴望及其对差异状态的理想性追求。在阿多诺看来，辩证法应该是对形式逻辑的抵抗，它应更倾向于对内容性的理解，内容不会构成封闭的体系，内容也不会被预先的"骨架"所设定。否定的辩证法是对永恒不变的形式思想的批判，这种批判是一种自由的批判，这种自由的批判性体现在思想之中，既不作为事先设定的立场，也不寻求客体性的规律，而是建立在非同一性基础之上的"否定的行动"。这种体现在批判行动上的实效性自由为寻找个体性的自由奠定了基础。

第 3 章

阿多诺"否定的辩证法"
的理论指向

　　阿多诺对传统同一性哲学的批判首先体现在对"第一性"哲学的批判之上。"第一性"哲学也就是本体论哲学，它是构成同一性哲学和体系哲学的基础，更是绝对主义的一种思维方式。通过对第一性与同一性哲学之间的历史缠绕关系的考察，进一步阐述了第一性正是在以实体第一性的问题转变为主体第一性的问题，这种以主体第一性为基础的同一性一方面是通过实体内化到主体的方式所实现的，以满足形而上学的要求。另外建构了一种以精神为绝对的方法。从第一性哲学与同一性哲学的内在联系中，我们可以进一步分析同一性哲学与体系哲学之间的共同性，而同一性哲学的最终完成表现在黑格尔哲学之中。而步入黑格尔哲学之后，哲学家们看到了以主体第一性为基础的同一性形而上学所带来的弊端，亦或转向以经验主义为基础的实证性的倾向，这种倾向仍然是以概念性的经验为第一性的同一性哲学，"这种第一哲学必然带有概念的第一性"❶。由此，阐发了第一性哲学的独断性与虚假性问题。亦或转向以现象学为要的体现同一性哲学本性的体系之中，胡塞尔对认识论问题重新进行了思考，但并没有改变现状。海德格尔对本体论和认识论都作出了怀疑与思考，但最终仍然消解在形而上学之中。胡塞尔的怀疑仍然通过设定主体第一性的方式，并没有阻断主体的欲望，主体的独断并没有被结束和消解，客体被彻底地隔离或吞没，这种方法本身就是纯逻辑的同一，这种纯逻辑的同一成为绝对的过程某种程度上是以无条件性替代了事物而形成的。因此，传统的认识论陷入独断论的原因在于设定第一性，而第一性的主观内在性是具有矛盾的，包含非同一性内容，第一性并不能调和内在于本身的与非同一性的关系。即使胡塞尔通过意向性的方式只是以掩盖的方式遮蔽内在性的两极二元结构。

　　可以说，阿多诺对第一性哲学的批判是对同一性哲学批判的过渡，同时第一性哲学与同一性哲学二者相互影响或互为因果的关系。"对第一性的运用是建立在同一性假设之上的。任何事物都应该出自于哲学的第一性这一基本原则，不

---

❶ THEODOR W. ADORNO. Translated by E.B Ashton .Negative Dialectics[M]. Routledge Press,2006:136.

管这一原则被称为存在还是思维、主体还是客体,或者本质还是事实。哲学家们对第一性提出了一个总的要求:它是非中介的、直接的。"❶也就是说在同一性哲学的假设的基础上第一性得到了运用,第一性的非中介性和直接性意味着与同一性是相互关联的。阿多诺对第一性哲学进行彻底的批判,不仅包括对第一性哲学本身的批判,而且还包括对第一性方法的彻底消解,阿多诺进行的认识论元批判是对第一、本原乃至传统认识论的批判。在对第一性哲学进行了彻底的批判之后,阿多诺的批判便转向了与第一性息息相关的同一性哲学。阿多诺对同一性哲学的批判并非盲目的批判,而是将同一性哲学区分为几种典型的样态,即从认识论、存在论及其总体性的方面对同一性哲学进行批判,其中包括传统西方哲学中黑格尔之前及以黑格尔为代表的传统"形而上学同一性哲学"、现代哲学中以海德格尔为代表的"存在论的同一性哲学"以及以西方马克思主义者卢卡奇为代表的"总体性哲学"。在分析同一性与辩证法的内在关系中,逐渐得出这种关系受隐性形而上学的制约,同一性哲学是传统形而上学的外在表现形式。传统辩证法的否定性及其运动性的特征受到传统形而上学强制与凝固性思维形式的制约,使辩证法的否定的批判本性受到了压制,从而使辩证法成为达到同一性哲学的工具,甚至使辩证法沦落为形而上学的一种特殊的形态。这样为阿多诺"否定的辩证法"的提出做了理论准备。

3.1 对"第一性"哲学的批判

在以往的传统哲学当中,无论是思维与存在的关系问题,还是精神与物质,或是主体与客体之间都遵循着第一性这一基本原则,这一原则的目的是达到终极状态。在阿多诺看来,第一性哲学也就是本体论哲学,它是同一性哲学的基础,也是绝对主义的一种思维方式。"阿多诺反对一切本体论,反对把某种东西奉为第一性。他认为,一方面,概念具有明显的自主性,并不简单地作为事物的摹本而出现;另一方面,概念和事物相比较也不是第一性的。概念与其对象存在于不可分割的辩证联系中,二者都不具有第一性。因此,唯物主义的唯名

❶ THEODOR W. ADORNO. Translated by E.B Ashton .Negative Dialectics[M]. Routledge Press,2006:7.

论是错误的，概念的唯心主义也是错误的。"❶也就是说，概念是第一性哲学的首要，概念与其他事物相较它构成第一性，阿多诺反对第一性哲学中概念第一性的观念。在传统的哲学当中，哲学家们都在努力寻找着哲学的起源，不是将物质视为第一性的原则就是将精神视为第一性的原则，无论采取何种方式确立了绝对的第一，之后便将第一所面对的直接的东西予以消除，而最终的目的就是要实现同一性的哲学。这种确立第一性本原的预先设定的做法是主体性获得的一种支配方法，此方法本身带有独断性，排除任何其他思想，是通过主观性概念的行为将客观性的事物编入其中，其结果必然造成主客二分的两级分化，第一性的虚伪性暴露无遗，具体表现为主体性无所拘束的狂妄，自以为控制了主体与客体并在现实中实现了二者的调和，而实际上第一性所实现的是精神的绝对，这种做法只能称作为毫无合法性的独断，这样在第一性的引导下所实现的本原哲学的认识论，是以历史的方式将主体视为主导地位所呈现，最终所实现的目的无疑是将绝对的第一性确立为稳固的确定性，使第一性带有了虚假的成分，它是主体通过欺骗自我而达到同一性的目的，并在反思的过程当中得以完成，但其反思的对象并不是对同一性的反思，而是通过主体对客体的反思。最早对同一性具有反思意识的是在巴门尼德那里，在巴门尼德看来，思维和存在具有同等重要的地位。无论是思维与存在还是物质与精神都是认知等级化的表现，能够被思维与被表达必然存在，存在与思维之间具有内在的必然联系，二者具有同一性。在巴门尼德看来，如果一个事物既不能被思维又不能被言语，这种情形是不可能的，所以第一性的问题也是不存在的。只有对第一性的彻底瓦解才能使传统同一性辩证法的哲学思维予以消除。

3.1.1 "第一性"与同一性哲学的缠绕

传统哲学的思维方式是主客二分，主客二分是指"把世界万物看成是与人处于彼此外在的关系之中，并且以我为主体，以他人他物为客体，主体凭借认识事物的本质、规律性征服客体，使客体为我所用，从而达到主体与客体的统一"❷。从早期希腊的自然哲学开始便追问万物的本原，在不同本原的宇宙生成

❶ [德] 阿多诺. 否定的辩证法 [M]. 张峰，译. 重庆：重庆出版社(中译本序)，1993：8.
❷ 张世英. 哲学导论 [M]. 北京：北京大学出版社，2002：3.

论当中寻找着存在的影子，直到巴门尼德将"存在"设定为哲学的研究对象后，柏拉图的"理念论"、亚里士多德的"形式"的出现使哲学问题成为研究事物的规定性问题，进而奠定了思维或理性同一性的基石，成为"现实自我意识的立场，以呈现在自己面前的精神为原则。中世纪的观点认为思想中的东西与实存的宇宙有差异，近代哲学则把这个差异发展成为对立，并且以消除这个对立作为自己的任务。"❶近代哲学正是在以实体第一性的问题转变为主体第一性的问题，这种以主体第一性为基础的同一性是通过实体内化到主体的方式所实现的。唯理派从笛卡尔开始，"我思故我在"确立了绝对高扬主体的本体论的内涵，斯宾诺莎的"实体"更是成为黑格尔"绝对"的出发点，再到莱布尼茨的"单子"作为力与灵魂的象征，无一不是将思维确立为第一性的原则来克服主客体之间的矛盾，但唯理派所达到的主客体的同一只能说是一种未经证明的形而上学的独断或者是毫无根据的神秘主义的独断。唯理派中诸如此类的论据关于主客体的同一或者思维与存在的同一的主张是令人怀疑的，这种主客体的同一不如说是无法调和的对立与矛盾。经验派正是站在了这一立场对唯理派发出了诘难，并将客体确立为第一性的原则，认为只有通过感觉和经验才能使主客达到一致。洛克以反映论批判了实体，巴克莱以"存在就是被感知"反对了抽象的存在。休谟以怀疑论的形式将经验论推向了极致，他认为反映论独断了感觉就是事物本身，认为人的主体能力独断了人的"天赋观念"的存在。所以，休谟反对思维与存在的同一或者是主体与客体的同一。

　　在德国古典哲学之前，思维与存在、主体与客体主要表现在二者第一性原则的交替中如何达到同一以及二者是否可能达到同一的变化。那么，思维与存在的关系问题主要表现在主体与客体之间的差异性的对立上，主体或客体的第一性原则体现出了主体与客体之间的不可相容的矛盾性，休谟的怀疑论更是戳穿了主客体的不一致进而导致了科学信任危机。康德用先验知性范畴回答了休谟的诘难，一方面承认休谟说的事物本身并不提供规律实物状态，人无法感知规律。另一方面，认为规律是天然存在的，并且具有普遍性。这样，我们就可以说明正是人的思维规律具有普遍性，当把它用于思维外物的时候，外物本身

❶ [德]黑格尔.哲学史讲演录(第四卷)[M].贺麟,王太庆,译.北京:商务印书馆,1997:5.

也就具有了普遍必然性。由此，康德以先验感性形式及知性范畴并以主体的第一性为原则提出"人为自然立法"。康德在知性的范畴内使得主体与客体之间达到了同一，这种同一仍是一种主体吞并客体的形式，康德将自在之物——物自体抛出在人的认识外，而物自体才是事物的本真存在。在康德看来，人的理性是把握绝对的、无条件的知识倾向，当我们要离开现象界去把握物自体，我们的理性不具备相应的理性能力，我们只能用知性能力和感性能力去把握物自体，结果就会出现思维的混乱，造成"幻相的逻辑"二律背反的出现，康德称之为辩证法。在康德哲学中所达到的主体与客体的同一是在主体第一性的前提下用感性认识形式——时空解决了事物如何呈现为清晰的表象的问题，并用知性范畴解决了事物之间或者是表象之间如何呈现为现象的问题。这种同一性正是利用知性的思维方式将物自体撇开来实现主体与主体对象的同一，它是由主体出发来思考客体的单向性的静态的同一，从而实现的是事物静态的呈像。费希特以自我意识继承了康德的知性的先验综合能力，同时认为自我意识能够解释经验的全部内容，无需物自体参与到经验中来，以此来批判康德认识论的不彻底性。费希特以自我意识的理性占领了全部知识领域来彻底地反对唯物主义，达到以自我为中心，自我设定自我与非我的辩证同一仍然是以主体预先设定为原则。这种主体预先设定的原则所达到的同一性在谢林哲学中得到了进一步的发展，谢林并非将哲学建立在唯物主义或唯心主义为第一性的基础之上，而是将哲学的基础设定在主体与客体、有意识与无意识直接的绝对同一之上，这种预先的绝对同一的设定更是非法的独断行为。直到黑格尔转变了传统的认识方式，由知性思维转变为辩证思维，让存在于人的主观范围内的思想概念运动起来，从而实现思维与存在的动态的辩证同一。黑格尔所达到的同一仍然是以精神主体作为第一性，是由精神的生发发展所实现的同一。

在步入西方现代哲学之前，由于理性的不断发展，黑格尔哲学显现出理性的至上性的特征，主体第一性仍然比客体的第一性更具有优势。黑格尔哲学之后，哲学家们看到了以主体第一性为基础的同一性形而上学所带来的弊端，于是抑或转向以经验主义为基础的实证性的倾向，抑或转向以"实体"为基础的向本体论的复归。向实证性倾向的哲学家们更注重近代以来经验派开启的以概念性的经验为第一性的同一性哲学，如新老实证主义、分析哲学、科学哲学等。

向本体论复归倾向的哲学家们仍然提倡设立第一性，以致哲学最终落入了同一
性哲学的圈套，如存在主义、现象学、解释学等。由此可以看出，人们在担忧
如何妥当地把握哲学的时候往往 "在哲学的反思中看穿的正是精神被统治原则
所同化。传统的思想及其在哲学上消失之后留下的常识习惯要求有一个坐标系
或参照框架并使一切事物各得其所" ❶，这种参照系和框架就是同一性哲学。直
到阿多诺哲学的出现，对第一性的批判过渡使同一性哲学彻底地崩溃了。

3.1.2　"第一性" 的独断与虚假性

同一性哲学是建立在第一性哲学基础之上的。对第一性哲学的瓦解意味着
对同一性哲学思维消解的过渡。第一性哲学在于追求着一个绝对的出发点，任
何事物都将回归于这种假设绝对的原初，而阿多诺反对建立绝对的第一性，他
认为对第一性的设定完全是一种不合法的独断行为，更是一种不真实的存在。

第一性的哲学意味着事先设定了某种立场的存在，"每一种理论都是作为处
在互相竞争的意见中的一种可能性而提出来的，什么都要拿出来供选择，什么
都要被吞没。" ❷立场的假设正是在每种理论的更迭之中不断地被确立，这种立
场的假设意味着第一性原则的确立。第一性不需要任何的中介，并在排除中介
中获得对非中介性的目的，并在直接性与肯定性当中排除偶然性的支配，确立
第一性的立场是要达到知识的普遍性与必然性。科学就是对普遍性与必然性的
追求，而且 "一切科学都以恒久存在的或经常存在的东西为对象，但决不包括
偶然性在内" ❸。这就决定了第一性的原则要排除作为第二性异质的事物，不把
异质的事物放置在预先构想的范畴之中。第一性在同质性的支配之下就会包含
抽象，只有抽象才可以从众多的思想附属品当中剥离出来，对于具有事实性的
极端经验主义也不能从当下的个别事物中寻求第一性，而是要通过对众多事物
进行抽象才可以形成第一性。由此可以看出，无论是坚持唯心主义还是经验主
义，第一性的确立都是通过抽象所形成的概念，而由抽象所形成的概念本身就
意味着不真实性与虚假性。

---

❶ THEODOR W. ADORNO. Translated by E.B Ashton. Negative Dialectics[M]. Routledge Press,2006:32.

❷ THEODOR W. ADORNO. Translated by E.B Ashton. Negative Dialectics[M]. Routledge Press,2006:4.

❸ [古希腊] 亚里士多德. 形而上学 [M]. 苗力田，译. 北京：中国人民大学出版社，2003：229.

从传统哲学的发展演变来看，第一性与概念之间是不相脱离的。从古希腊时期的亚里士多德对"不动变的本体"的探寻开始，就将"实体"或者"最基本的事物"作为第一哲学，第一哲学也就是第一实体或主体的优先性，这一准确的概括成为从泰勒斯到柏拉图的整个古希腊理论对哲学最高存在以及最终实体追寻的核心。经过近代笛卡尔主体性的哲学对第一哲学的改造，亚里士多德本体论意义上的实体被改造为不需要任何其他的东西而直接的"存在"，经过黑格尔精神体系对第一性的完成，到现代哲学，这种原则也是很少改变的，如胡塞尔的现象学观念及海德格尔存在主义的本体论都是对第一性哲学的隐性复归。虽然不同的哲学家对实体的规定不同，但从总体性上来看都是对第一性这一共同特征的追寻。可见，第一性原则的"很少改变"性孕育着对普遍性与固定性的渴望，哲学的最终的目标无非是要达到知识的普遍共识。这种哲学的普遍性与确定性的实现要通过概念的权威来完成，而这一过程最确切的实现方式是通过主体的抽象能力的过程来完成。当主体与客体之间"或者说，第一哲学本质上就是主体能力的展现和确认，所以第一哲学本质上是唯心主义的。这种唯心主义是在阿多诺的视域之内所确定的，知识的认知都是经过中介的作用得以确认，以任何形式出现的对象事物或者是存在的事物，甚至以经验冠名的唯物主义也包括在内，都将在一个假设性原理的绝对基础之上并最终还原于这个假设的单一原理之中。单就其形式或所形成的体系而言，唯物主义或唯心主义都被并入到具有事先假定并带有完全的还原性并最终达到一致性的体系中。当然，'抽象能力'还不足以表达唯心主义的特征。只有主体的抽象概念形成了体系，第一哲学才算作真正实现。"❶"阿多诺的唯心主义概念是从'第一性'中推导出来的，即对'第一性'的预设必定包含着对思想绝对的能力和主体性的预设。"❷这样一来，第一性作为思想中的绝对能力以及主体的预设来讲，却不能解释它作为哲学的基础地位，只能事先作为一种非法的强制，它是对独断行为的最充分的体现。

阿多诺对作为主体的第一性及客体的第一性都做了批判，根源在于主体与客体的分离。"主体与客体的分离既是真实的又是虚假的。说是真实的，因为这

---

❶ 谢永康. 形而上学的批判与拯救 [M]. 南京:江苏人民出版社,2008:40–41.
❷ 谢永康. 形而上学的批判与拯救 [M]. 南京:江苏人民出版社,2008:46.

两种分离在认识领域表现了实在的分离，表现了人的状况的二分法，表现了一种强制的发展。说是虚假的，因为这种逐渐形成的分离不能看成是实体化的，不能神奇地把它变成一成不变的东西。"❶唯心主义的一贯做法是将主体变为实有，而主体的实有性是以肯定主体事先存在为条件，主体存在的可能是从真实性的客体当中挪用而来，主体本身就带有了客体的性质并且客体本身也包含了作为存在物的主体的特征，使实有与存在之间具有了共通性。这样，主体给自身以及一切事物在内所强加的真实性的东西都表现为一种假象，预先设定一种立场的做法致使的两级分化，以及从某种第一性之中所衍生出来并 "填补自我的这种空白" 或最终还原于自身的做法都是一种独断且虚假性的行为。导致这种预先设定某种立场的做法的原因是遵循某种还原性的固定规则，还原性的固定规则是通过主体的反思的过程来强化的，它是在 "反思的过程中逐渐地被建立起来的原则"，而对这种以预先立场的设定及其还原性的固定的规则的合法性证明会陷入自相矛盾的困境之中，导向这种还原性的固定规则及其可能性的另一端便是达到同一性原则的思维方式，"通过使思想脱离第一性和固定性就避免了思想绝对化。"❷只有对事先设定立场的第一性及其固定规则进行批判性的过渡，才能达到对同一性哲学的进一步消解。

3.2 对同一性哲学典型样态的批判

阿多诺对第一性哲学的批判是对同一性哲学批判的过渡，同一性哲学按现代哲学史中的规定有几方面的含义。"首先，它标志着个人意识的统一性：一个 '我' 在它的所有经验中都是同样的。这意味着康德的 '我思考那种能陪伴我的一切概念的东西。'其次，同一性还意指在一切合理的本质上同样合法的东西即作为逻辑普遍性的思想。此外，同一性还标志每一思想对象与自身的等同，简单的 A=A。最后，在认识论上它意指着主体和客体和谐一致，不管它们是如何被中介的。"❸按照阿多诺对同一性哲学的理解来看，同一性哲学的概念是透过巴门

---

❶ 上海社会科学院研究所外国哲学研究室.法兰克福学派论著选辑 [M]. 北京:商务印书馆,1998:209.

❷ THEODOR W. ADORNO. Translated by E.B Ashton .Negative Dialectics[M]. Routledge Press,2006:34.

❸ THEODOR W. ADORNO. Translated by E.B Ashton .Negative Dialectics[M]. Routledge Press,2006:142.

尼德思维与存在的二元世界的最初构造及其本体界的确立来展开的，它是包含主体与客体及其概念与存在物之间或者是思维与存在及其精神与世界之间的内在关系的学说。在阿多诺"否定的辩证法"中，围绕着主体与客体以及思维与存在之间的关系对同一性哲学从认识论、存在论以及总体性的方面对同一性哲学典型样态进行了批判，其中包括传统西方哲学中黑格尔之前以及以黑格尔为代表的传统"形而上学同一性哲学"、现代哲学中以海德格尔为代表的"存在论的同一性哲学"及以西方马克思主义者卢卡奇为代表的"总体性哲学"。虽然总体性的辩证法在表面上坚持了马克思的唯物主义的立场，但实则不仅是对同一性思维方式的延续也是人类中心主义的一种体现。海德格尔对传统形而上学尤其是黑格尔进行了批判。海德格尔将存在归结为一种虚无，并将主体与客体设定为主观的存在，最终使主体与客体达到了没有具体内容的同一。海德格尔虽然在表面上对传统同一性形而上学进行批判，而实则是对同一性哲学的隐性复归。

3.2.1 对"传统形而上学同一性"的批判

同一性是传统哲学一直追求的目标，已成为哲学的基本精神，它意在追求"一个绝对的出发点"，一个可以"最终还原于某种原初的东西"，这构成了传统形而上学对同一性的追求。当面对主体与客体、特殊与一般的传统对立的矛盾时，哲学家总是将主体或客体以第一性的原初作为存在，以此来统摄事物的各个方面达到最终的同一，这一设立似乎使形而上学的同一性与形而上学的本体论甚为相关。自作为哲学之父的巴门尼德将"能被思者"与"能存在者"视为同一以来，同一性就被理解为思维与存在的同一。巴门尼德的这一同一是暗指思维所把握的真理本身的"存在"。由此可以看出，同一性在巴门尼德那里就出现了二元世界的端倪及其对本体界的确立。柏拉图继续遵循巴门尼德同一性的理论，并在此基础之上进行了发展。他将理念设定为绝对真实的存在，理念世界高于一切，人的思维有能力认识这个世界，二者的同一是建立在设定绝对存在的本体论之上的同一。亚里士多德把同一性理解为关系范畴，在对由形式与内容所构成的实体这对关系范畴的本质研究中发现，实体是哲学的最高研究对象，实体成为同一性存在的基础。古希腊哲学为形而上学的同一性问题开辟出了一条小路，当希腊哲学走向衰落之时，哲学进入了中世纪的基督教哲学，思维与存在的同一性问题转

变为了上帝与存在的同一性问题。但仍然没有改变思维把握存在的同一性原则及
其以存在为基础的本体论的视域。近代哲学发生了重大转变，"存在"不再高高
在上而是下降为"客体"，存在被客体所代替成为主体的对象。思维与存在的同
一性问题转变为了主体与客体的同一性问题。费希特和谢林更是将思维与存在、
主体与客体之间的同一通过思辨关系来进行"思想"。

　　黑格尔在以往哲学史的基础之上对同一性也有其自己的看法。他把同一性
区分为抽象的同一性与具体的同一性两种。抽象的同一性以形式逻辑的同一律
为基础，即简单的A=A。更具体的说是客观自身的等同性，但客体之间的同一
并未综合到一起，他们只是简单地并列起来。这种抽象的同一完全与数学中的
"相等"区分开来，不同的客体存在着不同的规定性，规定性的多样以及差异使
事物之间存在了区别，但思想的秩序是无矛盾且有规律的，并以归纳的方式对
杂多进行提炼形成抽象的概念，它必然存在于人的理智之中，进而为达到科学
的确定性与固定性提供了实现的可能。具体同一性与抽象同一性从表面上看来
是对立的，但从内容上来看具体同一性是包含抽象同一性在内的同一性，具体
同一性是依靠理性来完成的，理性是获得真理以及绝对存在的手段，所以具体
同一性又被称为理性同一性。在这种同一性的思维之下，具体同一性可以利用
柏拉图思辨哲学中所认为的人的内在规定性是带有肯定的"否定"的原理，使
其自身表明为差异的同一。理性同一性正是利用差异性原理将其打破了抽象同
一性所带来的概念的顽固。抽象同一性与具体同一性的共同之处是将"先天的
东西与后天的东西"相结合，"后天的东西"通过主体而抽象反思化。形而上学
正是坚持主体或思想的唯一性而反对二元论，这种形而上学性从古代哲学家巴
门尼德所坚持的"存在"开始便以流传下来。黑格尔正是将这一具体同一性或
理性同一性完全展现在自己的哲学体系之中，他将差异性原理赋予理性同一性
之中使其成为黑格尔同一性辩证法的核心，他"对所谓的第一哲学的概念的批
判推动了辩证法……强行地制定了一个固定的概念来裁剪出孤独的经验才排除
了作为独立中介的显著的概念。"❶他在一定程度上反对了旧的传统形而上学同
一性的特点，但却又建立了新的形而上学同一性的体系。阿多诺反对传统形而

---

❶ THEODOR W. ADORNO. Translated by E.B Ashton .Negative Dialectics[M]. Routledge Press,2006:303.

上学的同一性中主体的强制性特征，同时也反对建立某种预先设立的立场。在阿多诺看来，不存在绝对的第一性，任何事物的存在都要与它的对立面相互依存，哲学走上错误道路的原因在于都在设立某种概念及其原初的立场。而黑格尔的同一性正是回到"存在"当中，他在精神之中来完成同一性，"精神的发展是自身超出、自身分离，并同时是自身回复的过程……精神自己二元化自己，自己乖离自己，但却是为了能够发现自己，为了能够回复自己……自由乃是不依赖他物，不牵连在他物里面……只有在思想里，而不在任何别的东西里，精神才能达到这种自由。"❶这种精神作为普遍性的特征具有优先的地位，黑格尔以精神为基础的自身分离最后又回复到自身之中的同一性原则完全符合形而上学对实体性的倾向，他将精神设置绝对的出发点，把精神设立为第一性的立场。黑格尔的这种预先设定立场的目的是将达到概念对非概念物或者主体对客体的强制。正如阿多诺对黑格尔的批判，"尽管黑格尔的一切表述都是相反的，但他仍然让主体具有毫无疑义地高于客体的第一性。他仅仅是以半神学的'精神'一词来伪装它而已，而精神又带有抹不去的个人主观性的印记"❷。黑格尔用精神以及概念排除了客体存在物的确定性，客体性的存在才是对哲学本真的认识，在这一点上他对康德以及费希特的斥责是虚假的，黑格尔仍然回到了主观抽象之中，对概念与概念的内容之间的关系进行考察来对付概念的中介性，这在某种程度上保证了概念的绝对性的特征，他以庞大的概念体系的方式对形而上学同一性进行了又一次的建立。

3.2.2 对"存在本体论"同一性的批判

阿多诺对海德格尔的批判集中体现在《否定的辩证法》当中的第一部分。海德格尔的存在哲学主要是对传统哲学本体论的消解，但"在阿多诺眼里，海德格尔固然消解了传统粗俗的形而上学本体论，但实际上又铸就了一种新的本体论。"❸海德格尔在反对传统本体论的过程中，已在逻辑的隐性层面事先设定了新型的本体论，这种又一次的本体论的事先预设的重演预示着向第一性哲学

❶ [德] 黑格尔. 哲学史讲演录 (第一卷)[M]. 贺麟, 王太庆, 译. 北京: 商务印书馆, 1997:28.

❷ THEODOR W. ADORNO. Translated by E.B Ashton .Negative Dialectics[M]. Routledge Press,2006:38.

❸ 张一兵. 无调式的辩证想象 [M]. 北京: 生活·读书·新知三联书店, 2001:130-131.

的还原，同时也是向一种新的形而上学同一性的隐性复归，这里我们称为"存在本体论的同一性"。

本体论一直被认为与实体领域所相连，它在历史的变换之中寻找着确定性，同时在哲学的运动当中寻求着它所欲求的东西，它经过努力使自己成为超自然的存在。绝对哲学或"存在"的第一性特征，不是通过拒绝现实存在物所表达的，而是通过对现实存在物的理性构造获得存在的丰富性特征。这种本体论的高高在上的哲学与传统德国哲学尤为一致，康德将主体与客体对立之后，黑格尔将主体抽象为精神并作为开端，精神经过异化、变化的过程使事物对象纳入其自身，使精神填补了对象的内容，从而走向了具体化。这样看来，黑格尔消除了康德将主体与客体的逻辑形式的矛盾，但实则黑格尔是将现实存在物以及"他者"掩埋在了一种理性的绝对精神的统治之下。以往传统哲学以及整个古典哲学都是在现实事物被堕落成抽象的情况下来完成的"存在"。"循着这种思路，我们发现，客观性、即知识的客观性以及已知万物总体的客观性是在主观上促成的，它使我们可以超越主体—客体对立性而假定一种'自在'。"❶当胡塞尔以直接意向取代间接意向时又一次将本体论的特征隐性地显现出来，由胡塞尔的"意向中"发展为海德格尔的"存在着"是一种对行为本身的主观设定，海德格尔的哲学正是通过对绝对的否定达到对绝对的批判性改造甚至重新肯定的过程，他将主体之中的实体性概念转变为功能性概念。"在海德格尔看来，哲学真正的任务是思考存在，然而存在抵制任何思想的规定性。这使思考存在的要求成了一种空洞的要求。"❷存在不能以二元分立后的主体来设置，而是通过"存在为之而成为问题的存在物"的动态性的追问来实现存在，"存在将自身置于时间之中，并在时间中寻找其实存的意义"❸。海德格尔在面对同一性与非同一性的关系的时候，将二者的矛盾性隐蔽在了存在概念之中，"是"作为"存在"在海德格尔眼里失去了主观的能动性以及事物的客观性，它只能作为"既非主观又非客观的第三者"。海德格尔将"存在"通过主观设定的方式使其优于一切的实体及其现存的本体论事物，这种"存在"的本体论特征在直接意向和间接意向之外或

---

❶ THEODOR W. ADORNO. Translated by E.B Ashton .Negative Dialectics[M]. Routledge Press,2006:66.

❷ THEODOR W. ADORNO. Translated by E.B Ashton .Negative Dialectics[M]. Routledge Press,2006:98.

❸ [英] 安东尼·肯尼. 牛津西方哲学史 [M]. 韩东晖，译. 北京：中国人民大学出版社，2006：216.

者是主体与客体之外不带有任何思想的规定性，这种规定性本身不包含具体性，它是居于一切概念之上的一般空洞，它仅仅是通过主体的主观设定，只能作为不包含任何内容的中介。但在阿多诺看来，中介是无法单独存在的，它的有效性只有在"星丛"之中才可以体现出来。"海德格尔过分地把中介延伸成一种非对象性的客观性。他停留在介于愚钝的呆板事实和世界观的废话之间的一个想象王国里。"❶而海德格尔的本体论诉求是通过对"他者"以及现存事物的抗拒及其对系动词的考察来实现存在的逻辑性特征，这种存在的逻辑性是在语法的连接中所实现的。海德格尔从词源中理解"存在"的意义，"存在"在德语之中与系动词"是"相对应。语法的连接是指由系动词"是"连接了主语与谓语。"这样就促成了所谓哲学证明的结构，即一种与数学模式相对照的证明方式。"❷在海德格尔看来，"是"与"存在"相对应，因为"是"只是作为一般的连接词，证明主语与谓语的存在性而做判断，当主语与谓语离开了系动词"是"后，"是"就会变成孤单的存在则毫无意义可言。此时的"是"与海德格尔的"存在"极为相似，存在是主观性的赋予，实则为空洞的存在，"存在"通过间接性的语法连接词体现出它的本体性。按照这种逻辑对应的关系，"是"与"存在"相对应，"主语"与"谓语"所对应的是现存事物的真实存在。这种一一对应的一般语法式构造对存在与现实事物的解读概括了一切具体的内容。"是"的存在状态与本体论的存在方式达到了空前的一致。"存在"与"是"在最后所留下的只是简单的中介以及抽象的一般形式。主语与谓语只有在"是"的连接中才有意义，尽管在现实的事物中有其内在的规定性，但只有在"存在"这一原初同一的基础之上现实的事物才可以超越自身。

海德格尔将同一性作为存在的基础或者是前提，而黑格尔是将精神作为基础或者是前提，同一性才是他的最终目的。黑格尔哲学所达到的同一性是包含其差异性的同一性样态，海德格尔的同一性样态是建立在以同一性为基础的存在之上，最终所实现的是通过对语法逻辑的借用达到隐性存在本体论的同一性。

---

❶ THEODOR W. ADORNO. Translated by E.B Ashton .Negative Dialectics[M]. Routledge Press,2006:99.

❷ THEODOR W. ADORNO. Translated by E.B Ashton .Negative Dialectics[M]. Routledge Press,2006:64.

3.2.3　对西方马克思主义"总体同一性"的批判

西方马克思主义与马克思和恩格斯所创立的经典马克思主义不同，同时与苏联马克思主义也有很大的差别。它是对马克思主义的重新解读，这种重新的解读发起于对马克思哲学源头的探寻，而不是对马克思改造现实世界理论的探寻，西方马克思主义者们纷纷从西方哲学史出发并以此来建构自己的理论，以卢卡奇为首的柯尔斯、马尔库塞等人从黑格尔哲学中寻找逻辑支撑来发展马克思哲学，阿尔都塞从斯宾诺莎的哲学中寻找马克思哲学的起源，萨特从克尔凯郭尔哲学中寻找马克思批判黑格尔的源头等。但从总体上来说，西方马克思主义是与传统马克思主义相异、与资产阶级思想家相悖，并以马克思主义为称号的对"马克思主义的重建"。但有一点需要说明的是，西方马克思主义尤其包括阿多诺反对恩格斯所开创的以物质为第一存在的自然辩证法。阿多诺对马克思哲学的理解来源于西方马克思主义哲学的传统，但作为法兰克福学派的创始人之一，他对卢卡奇所开创的西方马克思主义总体性进行了批判。阿多诺所批判的总体性是主客体统一的辩证的总体性。卢卡奇的总体性理论来源于黑格尔的逻辑框架中对马克思理论的挖掘，这难免使总体性带有了同一性思维的方式，尽管卢卡奇披着马克思唯物主义的外衣，但还是在概念体系之下使主体与客体达到了统一，这种方法仍然是在二元分裂的框架下所实现的统一性，也可以说总体性是同一性哲学的继续。阿多诺对西方马克思主义哲学中"总体性"的批判，也是对同一性哲学的瓦解。

总体性早在古希腊时期便有着理论雏形。虽然没有对总体性提出过明确的概念但其理论形态是通过本体论的意义来呈现的。由泰勒斯开创的"水是万物的本原"开始，经过阿纳克西曼德的"无限"以及阿那克西米尼的"气"再到赫拉克利特的"火"都是对自然本体论的总体认识。直到巴门尼德对"存在"的探寻、柏拉图对"理念"的树立以及亚里士多德对"实体说"的建立，才由自然本体转向实体本体的认识。但无论从"物质"本体来解释世界，还是从"精神"本体来解释世界，都体现了哲学家们对世界的总体性的看法。当古希腊哲学走向衰落之时，近代哲学的出现也继续以不同的形式来说明世界本原的总体。经验论注重现实的经验性特质，以物体当作变化的总体，而唯理论从精神层面出发以主体当作变化的总体。直到黑格尔从精神出发运用辩证法的方法将主体与客体达到了同一,才建立了以哲学总体的本体论为基础的体系哲学。但这种同一仍然是在主体或精神的层面来实现的同一,而没有彻底地解决主体与客体之间同一的问题。马克思将实践引入其中使主体与客体达到了彻底的统一。"可以说,在西方哲学史上,总体性的本体论是任何哲学都无法回避的理论基石。因为只有上升都本体论的研究层次,哲学才能真正摆脱具体经验的局限,在理论思维的层次上把握思维与存在或人与社会的本质联系及其发展变化的规律。"❶可见,总体性与西方传统哲学的本体论是密不可分的,这也延续到了西方马克思主义哲学对总体性的理解。"在理论来源上,卢卡奇继承的是黑格尔的理性主义,萨特继承的是克尔凯郭尔的非理性主义和胡塞尔的现象学。卢卡奇等人偏重的是主体与客体辩证统一的历史总体,萨特等人则强调个人的总体性存在。"❷阿多诺对西方马克思主义总体性的批判体现在对卢卡奇的"总体性"的批判之上。

根据阿多诺在《否定的辩证法》当中对同一性内涵的阐释,以及卢卡奇对总体性的规定,阿多诺认为卢卡奇的总体性包含在阿多诺所批判的同一性当中,如果细究起来具有对应性。卢卡奇首次从黑格尔的哲学体系中寻找对马克思主义哲学的理解,他将总体性作为马克思主义哲学的实质内容,并认为马克思继承了黑格尔辩证法的思想,"从马克思以来第一次被当作对资本主义进行革命批判的中心问题,而且它的理论史的和方法论的根基被追溯到黑格尔的辩证法"❸,进而将这种主客体辩证法的同一作为社会历史的总体,从而达到对资本主义社会现实的批判。阿多诺作为西方马克思主义者对作为马克思主义理论基石的理性工具的"整体论"及其价值规律实践最简单的理解是人类主体与客体自然界之间的相互作用。阿多诺认为卢卡奇的总体性的思想是对黑格尔历史全体性实现的构想,他将总体性设立为第一性的思维方法仍然是在同一性思维框架下所完成的,"阿多诺批判说,卢卡奇的全体性优势只不过是将'第二自然'中此时

❶ 段方乐.总体性的终结——从卢卡奇到阿多诺 [M].北京:中国社会科学出版社,2009:10.

❷ 段方乐.总体性的终结——从卢卡奇到阿多诺 [M].北京:中国社会科学出版社,2009:28.

❸ [匈] 卢卡奇.历史与阶级意识 [M].杜章智等,译.北京:商务印书馆,2009:17.

此地的认识与解释寄托于未来整体性的实现"❶，这种来自外在力量非合理性的"第二自然"的统治使人走向了被奴役的道路。在阿多诺看来，通过历史理性来拯救人类未能使人类获得解放，反而使人陷入了更深入的奴役状态，这源于历史理性丢弃了历史中的非连续性，造成了总体性的思想带有人类中心主义的倾向，同时它对未来个人自由的全面发展只能作为一种乌托邦的理想。"马克思从康德和德国唯心主义者那里接受了关于实践理性的首要性论点并把它磨砺成一种改变世界而不是解释世界的要求。因此，他认可了像对自然的绝对控制这样的大资产阶级的纲领。这里所显示的是努力把握不同于主体的万物，使它们成为像主体一样的东西——辩证唯物主义不承认的同一性原则的现实模式。"❷"马克思主义历史观最重要的内容就是由主体与客体组成的历史辩证法，这个辩证法的'中心为题就是要改变现实'。"❸这一改变现实需要实践的生产力，一切与实践相关联的东西阿多诺都予以反对，实践通过人对自然的改造使其社会及其历史不断地向前发展，当其成为资本主义意识形态之时，实践作为唯生产力是导致同一性强制的基础，更是导致人类中心主义的最大因素。

3.3　同一性与辩证法的内在关系

同一性源于知性思维方式，知性思维的确定性源于苏格拉底的归纳逻辑，面对智者派对本体的解构，苏格拉底首先承认智者的主观意识，但这种主观意识需要包含客观内容和思想，否则就会出现意识的偶然性、个体性、主观性的特征。包含客观内容思想的主观意识具有普遍性、必然性、客观性的特征，因此，苏格拉底坚持主观与客观相统一的思想而选择了追求真理之路，辩证法则是他完成这一使命的基本方法。苏格拉底的辩证法以归纳逻辑为主要特征，"归纳逻辑"包含两方面内容，一方面是从个别到一般的抽象原则，另一方面是归纳原则。而抽象原则和归纳原则构成了知性认识的两种原则，为形式逻辑和知性确定性奠定了基础。形式逻辑的主要特点就在于主观对经验世界产生知识的

---

❶ [日] 细见和之 . 阿多诺非同一性哲学 [M]. 谢海静 , 李浩原 , 译 . 石家庄 : 河北教育出版社 ,2001:66.

❷ THEODOR W. ADORNO. Translated by E.B Ashton .Negative Dialectics[M]. Routledge Press,2006:244.

❸ 张一兵 . 马克思历史辩证法的主体向度 [M]. 武汉 : 武汉大学出版社 ,2010:308.

工具，这种工具能够把客观的经验世界或现象世界转化成知识，但形式逻辑实际上是一种思维的法则，思维的法则是在主观当中形成的法则。因此，形式逻辑是一种形成于主观当中的纯粹形式的思维逻辑，它并没有进入到事物的现象内容，更与事物自身的法则无关。所以，它只能作为人类获取客观世界知识的工具。形式逻辑中所表现的同一律、排中律以及矛盾律都在回避思想中的矛盾性问题。而康德并没有回避这一问题，在他看来感性上升到知性再到理性层面矛盾就会产生，以此形成"二律背反"。因此，矛盾构成了理性的本质属性，理性越界认识自在之物的时候就会产生矛盾。知性思维的基础是同一性，即将事物相同的部分抽象出来，然后进行比较、分析、推理的思维过程。这种思维方式就是黑格尔批判的知性思维。所以，黑格尔在当初建构辩证法时是以克服知性思维为前提的。同时，黑格尔认为人的理性能够认识自在之物，将康德的现象世界与物自体进行了弥合，他所采用的方法便是辩证法。黑格尔辩证法的理论前提是差别性，即将矛盾视为一切事物存在的根据。绝对的同一是不可能存在的，只能存在矛盾的、对立的、差别的同一，只有矛盾、对立、差别才是事物真正的本质。在康德那里，由于以往哲学没有审视理性的能力进而导致了独断论的发生，他对形而上学的态度是一种消极的态度。而黑格尔采取的是积极的态度，他反对康德抽象的对立，并把这种抽象的对立仍然视为一种形而上学。由此，形而上学在黑格尔处具有贬意，由于其抽象性的思想，独断论成为它的专有名词，并与辩证法成为一种矛盾的对立。但后现代学者却认为黑格尔将矛盾视为一切存在的基础，一切事物都是矛盾的展开和实现过程，这又在辩证的层次上将所有的事物理解为矛盾，这也同样是"同一"。所以，"传统思维的错误在于把同一性当作目标，消除同一性现象的力量是思维本身的力量。"❶阿多诺要反对的是传统形而上学的同一性，这才是真正地反对了传统形而上学的要害和根基。

3.3.1 同一性的特质：强制与凝固

人的思维的发展有着一个历史的发展过程，哲学的思维发展同样与历史的

---

❶ THEODOR W. ADORNO. Translated by E.B Ashton .Negative Dialectics[M]. Routledge Press,2006:149.

时代性紧密相连，不同的历史时代产生不同的哲学思维形式，进而会产生不同的哲学思维内容。按照康德的理解，从人类思维的发展进程来看，大致经历了感性思维、知性思维及理性思维三个阶段，无论何种形式的思维都是对哲学对象的追问。思维形式的不同决定了对哲学对象的追问不同，感性思维所面对的对象是现存的事物，也就是现象世界，动物也具有感性思维，不同的物种感性直观的认识形式不同。因此，不能肯定地说不同物种所看到的现象世界不同，但可以保持一个怀疑的态度，不同物种所呈现的感性世界不可知，这与知性思维的先验构造有关系。知性思维是一种能够产生概念的思维能力，同时也是构成知识的形式，它是一种先验的东西。先验的知识形式与经验的知识质料相结合便可以构成普遍必然的知识。知性思维和理性思维所面对的哲学对象是事物的本质层面。知性活动与感性活动的区别在于，知性活动是主动获取而非感性直观给予，通过先天的思维形式对感性经验获得的现象进行进一步的加工与综合，以此获得科学知识或普遍必然性。理性思维在黑格尔那里达到了最高，也就是将一切纳入意识对他物的安排和控制之内并将其还原为对真理道路的追求。同一性一直成为西方文化的核心精神，但无论以何种哲学思维方式对事物的本质进行探寻都表现出了同一性的强制性与凝固性。

同一性哲学是建立在知性思维基础之上所形成的对确定性及其一致性知识的诉求。当人们的思维由直接的感性、直观的思维能力提升到抽象的思维能力时，意味着对对象世界的把握程度的提高，这一点在哲学思维方式以及哲学的发展史中得到了具体的体现。从被称为"哲学之父"的泰勒斯开始便确立了以经验事物作为思考对象的这一哲学基点，但随后所出现的各个哲学家在泰勒斯所确立的以经验具体事物为基础的观点上所形成的只能被称为意见而并不能得到确定的知识。直到巴门尼德的出现，将事物当中共有的抽象"存在"作为世界的本源，并以此消除了以往哲学以经验事物为本源的哲学诉求。柏拉图的"理念论"以及亚里士多德的"实体"，到近代的笛卡尔"我思"、康德的"物自体"以及黑格尔的"绝对精神"，再到黑格尔以后的哲学尤其是胡塞尔的"现象学"以及海德格尔的"存在论"等都是对这一基点的变换史，他们都是在对"是"以及"存在"与"是者"以及"存在者"如何同做探寻。这种探寻的秘密是通过对基点或本源的探寻或者在主体对客体的强制之下的还原中所实现的。就这样，同一性哲学成为了西方哲学的传统的同时也成为了阿多诺批判的主要对象。在阿多诺看来，基点就意味着强制的同一性，基点本身就带有凝固性、静态性的特征，"是某种幻觉的固定终点"。这种对基点的追求，对第一的追求的思维模式导致了同一性成为了哲学追求的预先设定，在这种情况下所形成的同一性哲学必然带有凝固性的特征。"如果人类想摆脱同一化形式对人们的强制，就必须认识到概念的同一性。"❶当同一性在知性思维的基础上形成之后，同一性对异质性进行排除所形成的逻辑体系使概念进入其中。概念本身就是凝固的，抽象的同一性将其强制性的特征带入理性的阶段，用理性的思维方式看待问题并没有错，错误的原因在于抽象"同一性"的强制性使主体吞并了客体，使理性走向了绝对。概念必然在同一性哲学中囊括了一切，同一性从哲学中演变成了形式工具，与实证科学一样起到了共同的作用，即推动资本主义的发展。这种同一性哲学作为工具其实质是精神的发展所导致，哲学的意义便缩减为对同一性的追求。当黑格尔用理性将同一性哲学发展到顶峰时，其通过辩证法中的概念去统摄一切的时候，实则已经走向了形而上学的落寞，甚至是哲学的落寞。因为在概念的统摄下，概念的强制性造成了主体与客体之间的分离、同一性与非同一之间的分离，这种强制特征取代了个体的、特殊的、感性的丰富性特征。同时，概念所采取的方式也是从个别到一般的抽象，这种普遍化的抽象方式必然抽离了哲学的丰富性与特殊性的东西，最后的同一性哲学只能表象出它的凝固与僵死的特征。

3.3.2 辩证法的特质：否定性与运动性

辩证法中的"法"字毋庸置疑从其字面的意义来看包含了两个层次的含义。其一，辩证法可以理解为一种通向事物本质的方法论。其二，可理解为自然及其变化规律。但从其辩证法的运用及发展来看，辩证法是对矛盾以及对立的事物进行思考从而揭示其本质规律的方法的法则。这种矛盾以及对立的体现是通过否定与肯定、一般与特殊之间转换的联系所体现出的运动发展的螺旋式上升的过程。更确切地说，辩证法是否定式的运动的发展过程。阿多诺更是认为"被否定的东西甚至在消失之时都是否定的"，❷ "它的观念被黑格尔叫做差

---

❶ THEODOR W. ADORNO. Translated by E.B Ashton .Negative Dialectics[M]. Routledge Press,2006:146.
❷ THEODOR W. ADORNO. Translated by E.B Ashton .Negative Dialectics[M]. Routledge Press,2006:160.

异"❶。按照黑格尔对辩证法的描述，"辩证法是现实世界中一切运动、一切生命、一切事业的推动原则。同样，辩证法又是知识范围内一切真正科学认识的灵魂。"❷在这里黑格尔强调的是辩证法的运动性和否定性，只有将一切事物从发展的角度来理解，在运动发展的过程中也在不断地否定，以此才打破自相矛盾成为真理。

辩证法的内在核心是否定性与运动性，它不仅突出的体现在黑格尔与马克思的辩证法当中，而且也体现在整个辩证法的发展过程之中，只不过这种辩证法的核心在不同的历史阶段表现出不同的意义，但其终极的目的都是达到人类的自由与解放。辩证法作为西方哲学重要的研究概念早在古希腊哲学时期便已产生了，这一时期的辩证法突出的表现为具有经验层面的辩证法。赫拉克利特利用经验概念中的 "火" 首次阐述了辩证法的核心内容即否定性与运动性，并以此引申出矛盾的概念。他认为 "对立和矛盾统一起来乃产生和谐。没有矛盾、对立、运动或变化，就不会有这样的秩序。归根到底，它们都将在这普遍的基质中被调和起来。"❸赫拉克利特将 "这样的秩序" 称为逻各斯。也就是事物背后的分寸与尺度要按照逻各斯来进行。而这一以感官经验为基础的辩证理解只能局限在事物的现象上，不能对事物的本质性进行探析。这样在赫拉克利特这里就出现了两条平行的思路，一种是表面的也就是处于表面的各种事物的相互转化。另外一条线是表面下面的由逻各斯所决定的看不见摸不着的规定性的东西。而这一时期的辩证法的否定性及其运动性的特质只能处于萌芽状态，无法得到彰显，他的辩证法是一种独白式的朴素的辩证法思想，并未涉及辩证法的核心内容。并且，辩证法与诡辩论、与相对主义在赫拉克利特的哲学中经常混淆，"辩证法" 这个词汇在赫拉克利特那里也没有出现，而是在智者和苏格拉底那里才被表述出来。苏格拉底将辩证法从赫拉克利特的独白形式转变为对话形式，苏格拉底在下定义之前喜欢与别人以辩论的方式对话。因此，他与他人对话的过程便是苏格拉底对话辩证法的形成过程。但苏格拉底的辩证法仍然没有触及辩证法的核心内容，它的突出之处便是对辩证法的核心即概念的出现奠定

---

❶ THEODOR W. ADORNO. Translated by E.B Ashton .Negative Dialectics[M]. Routledge Press,2006:141.

❷ [德] 黑格尔 . 小逻辑 [M]. 贺麟，译 . 北京 : 商务印书馆，2009：177.

❸ [美] 梯利伍德 . 西方哲学史 [M]. 葛力，译 . 北京 : 商务印书馆，2013：21~22.

了基础。要想彻底彰显辩证法的核心内容就要将辩证法置于概念及理论层面来完成。在经历了古希腊时期的以经验为基础的辩证法之后,辩证法在中世纪时期往往作为一种论证方法来论证上帝的存在。之后,辩证法便销声匿迹。直到近代德国古典哲学的出现,使辩证法由经验层面转变为概念反思层面来彰显辩证法的否定性及其运动性。而这一贡献的初始者是康德,康德认为以往的哲学都是远离人的认识能力的独断论,首先要做的是对理性认识能力进行考察,在考察过程中康德发现理性一旦超出其认识能力范围对超验知识进行追求时就会陷入相互矛盾的"二律背反"。康德在先验逻辑及普通逻辑领域具体论述了辩证法,普遍逻辑的意图是"检查知识是否合乎形式上的逻辑要求,是否违背了'形式逻辑'的规律与要求,但是,人们经常不满足于普通逻辑这种'形式'性质,试图用这种'形式逻辑'去作为发现真理、推广和扩大知识的工具。这种对普遍逻辑的错用,被康德称为'辩证术'。"❶这种发生在普遍逻辑当中的"辩证术"又在先验逻辑当中称为"先验幻象"。在康德看来,理性的越权行为限制了人类自由的本性。理性对超验对象的追求不应该是纯粹理性的任务,而应转向实践哲学领域中去考察。在实践领域当中,人可以从自身出发,人作为存在者可以超越感性的限制按其本身设定的命令来行动,使理性超越一切限制达到无限存在的自由本性。康德对于辩证法的贡献在于他不仅使人们重新重视辩证法,而且揭示了理性的矛盾性的特征且理性只有在实践领域内才可以有自由可言。黑格尔延续了康德所揭示出的理性内在矛盾性的本性,并反对康德对辩证法的消极态度。黑格尔在面对辩证法或理性时,他采取的是积极的态度。在黑格尔看来,矛盾不仅是事物存在的依据而且是事物运动发展的动力与源泉。此时的辩证法不再像古希腊以经验为基础的直接否定性的辩证法,而是将矛盾性引入概念之中,使概念摆脱了僵化性与凝固性进而带有了丰富内涵的运动性与否定性的特征。可见,这一时期的辩证法表现为概念反思层面的辩证法。黑格尔将辩证法的否定性与运动性表现在事物内在本性的自我运动的普遍原则当中,用实体即主体、绝对即精神的辩证过程实现了绝对精神的普遍自由,而这种自由的实现仍然是一种抽象的类自由。马克思揭露了黑格尔辩证法的抽象性与虚

---

❶ 贺来. 辩证法研究的两种出发点 [J]. 复旦学报,2011(1):11–12.

幻性，并且在这种辩证法之下所实现的人类自由也是抽象的整体自由。马克思把黑格尔辩证法所体现的概念反思层面转向了现实的社会实践当中，此时辩证法的否定性与运动性是在人的感性活动的实践的层面来展开的。"他将辩证法的存在论基础从黑格尔的虚幻的绝对精神，转换为人的感性实践活动创生的人化自然和社会历史性存在，解释了实践活动和包含着自然的人类历史的辩证生成"❶。在这种辩证法意义上所实现的自由不再是抽象的类或整体性的自由，而是立足于在人类共同体中的实现的现实的个体自由。

3.3.3　同一性与传统辩证法的内在关系

通过对同一性以及传统辩证法的考察，我们了解到传统辩证法与同一性哲学的关系受隐性形而上学的制约，同一性哲学是传统形而上学的外在表现形式。传统辩证法的否定性及其运动性的特征受到传统形而上学强制与凝固性思维形式的制约，使辩证法的否定的批判本性受到了压制，从而使辩证法成为达到同一性哲学的工具，甚至使辩证法沦落为形而上学的一种特殊的形态。

本体论与存在论的问题一直是西方哲学研究的核心问题，它也构成全部哲学史的根本性问题。同一性哲学一直表现为对存在的追求，它始终保持着对第一性哲学的确立或还原于某种原初的东西。在巴门尼德开启了对超验"存在"的探寻之后，知性的思维方式也初见端倪。巴门尼德对"存在"的提出必然经过比较、分析、推理的思维过程，"存在"的提出也必然经历对事物相同的部分的抽象。"知性"一词最早被提出是在柏拉图的哲学著作当中，并且"柏拉图被称为辩证法的发明者……在他的较严格的纯哲学的对话里，柏拉图运用辩证法以指出一切固定的知性规定的有限性。"❷他首次将辩证法与同一性的哲学联系在了一起。在柏拉图看来，辩证法是关于本体论或存在论的形而上学维度的科学理论。"辩证法是唯一的这种研究方法，能够不用假设而一直上升到第一原理本身，以便在那里找到可靠依据的。"❸在柏拉图的辩证法中正是对这第一原理的把握，"第一原理"又是同一性哲学预先设定的追求。然而，在柏拉图看来对

❶ 郭忠义,贺长余.论辩证法的范式变迁[J].社会科学,2013(2):101.
❷ [德]黑格尔.小逻辑[M].贺麟,译.北京:商务印书馆,2009:178.
❸ [古希腊]柏拉图.理想国[M].郭斌和,张竹明,译.北京:商务印书馆,2012:300.

于"第一原理"的把握只有理性才可以完成,"理性的研究领域所指的即是辩证法所特有的领域,它完全超出了感性世界而以超感性的理念世界为皈依。"❶由此可以看出,在柏拉图哲学中辩证法与同一性之间的关系所呈现的是辩证法与存在论或本体论的关系,辩证法所研究的对象是需要人的理性能力才可以把握的。

同一性源于知性思维方式,知性以及知性的思维方式在康德的哲学中得到了具体地论述。在康德看来,知性是"心灵从其自身产生表象"的思维能力,这种能力通过"认识的主动性"而产生概念,概念通过对感性直观的统摄达到对必然性和确定性知识的认识。而这种思维方式正是黑格尔批判的知性思维,这种思维与旧的形而上学的思维方式相一致,即凝固的、僵死的、呆板的。所以,黑格尔在当初建构辩证法时是以克服知性思维为前提的,他认为当旧的形而上学以抽象的同一性为最高原则时是用有限的知性把握无限的对象,这种用有限把握无限的过程是将特殊性排除在外而达到抽象同一的过程。而费希特是通过设定自我的方式将人的主观性过分夸大,用"自我"提升为绝对的自我意识来统摄一切外界事物的方式完成了主客观的同一。谢林在批判费希特的"自我"的基础上借用了斯宾诺莎的"实体"概念,并将其神秘化为"绝对同一",以此为基点演化出思维与存在、主体与客体、精神与物质之间的差别和对立,并最终回归绝对同一完成了同一性。于是,黑格尔转变了思维方式,在对德国古典哲学以来的康德、费希特、谢林的思想进行批判的基础上将矛盾以及差异性引入其中,把矛盾视为一切事物存在的根据,从而使概念带有丰富的内涵性。在面对康德的问题时,黑格尔认为应该积极地面对矛盾、克服矛盾、扬弃矛盾,通过矛盾的不断转化完成新的同一。在黑格尔看来,费希特的哲学让思维运动了起来,并通过"自我"将理论和实践进行了统一。但对费希特哲学的基点"自我"产生怀疑,"自我"对自身的否定并不能走向"非我",而是对自己的限制而设定的"非我",这与康德的"自在之物"没有分别,这种"自我"仍然带有虚构性。黑格尔在谢林"绝对"的基础上发展自己的思想,在继承谢林从同一出发在对立中寻求同一的基础上,认为谢林的同一并不是绝对无差别的

❶ 贺来.辩证法与形而上学:一个需要重新审视的哲学"对子"[J].吉林大学社会科学学报,2009(5):6.

同一，而是有差别的同一，也就是辩证法的核心内容，即矛盾和差别。虽然他将辩证法引入其中意图反对抽象的同一性哲学，使传统哲学的原初共相即"存在"客观精神的帽子并将其主观化，并在概念的统摄之下赋予能动发展的性质。最终，将主观与客观辩证地同一起来的精神或绝对精神是通过辩证运动实现的过程。虽然矛盾性及差异性存在于概念与历史之中，但概念的辩证运动的目的是消融差异性与对立性，最终的结果仍然被同一性思维的框架所统摄。这种将知性思维向辩证思维的转变实质是从抽象同一性向具体同一性的转变，黑格尔辩证法的否定本性终将埋没在同一性哲学的思维框架之下。

但在后现代学者看来，黑格尔将矛盾视为一切存在的基础，认为一切事物都是矛盾的展开和实现过程，这又在辩证的层次上将所有的事物理解为矛盾。虽然黑格尔打破了以往哲学对某种固定东西的设定，强调"它们是产生出来的、自我扬弃的，同时又有先天的、不变的结构。通过在辩证法的每个阶段上重新恢复的直接性学说，它们就与动力学相一致。"❶ 而黑格尔哲学的目的是要实现"绝对精神"，矛盾只不过是实现"绝对精神"的一个环节，"绝对精神"既包括思维也包括存在，既包括主观方面也包括客观方面。换句话说，在"绝对精神"那里思维和存在之中有差别和对立，也有同一。思维是存在的同时存在也是思维，它们共属于一个精神。既构成了绝对精神的两个方面，又构成了绝对精神的两个发展阶段，而这种辩证的表现是从发展的眼光来看，要放在运动过程之中才不会自相矛盾。因此，黑格尔所要的完整的"绝对精神"就是完成了"同一"。所以，阿多诺要反对的是传统形而上学的同一性，这才是真正地反对了传统形而上学的要害和根基。

---

❶ [德] 阿多诺 . 否定辩证法 [M]. 王凤才，译 . 北京：商务印书馆，2019：44.

第 4 章

阿多诺"否定的辩证法"
的理论核心

阿多诺 "否定的辩证法" 的理论核心由理论建构的前提、理论内核、理论批判指向三部分构成，而这一理论核心的构成有着内在的逻辑发展关系，都在为 "改变了的辩证法概念" 做着准备。阿多诺 "否定的辩证法" 的理论建构从理论前提开始，他首先将辩证法进行了定位，即辩证法不再仅仅作为一种方法论原则，也不试图作为对客观事物的简单描写，它主要表现为革命性的批判理论与功能性的批判话语。通过批判来阐释要坚持现实的复杂性与历史性的联系，主要从对黑格尔的辩证法的批判开始，概念的辩证运动构成了黑格尔辩证法的核心内容。在阿多诺看来，概念的起点不应该是从 "精神" 或者 "存在" 开始，从 "精神" 与 "存在" 开始意味着一种理论的虚幻。黑格尔从 "精神" 或 "存在" 开始意味着从直接的东西中不断地产生出整体，而这个整体是一种观念式的东西，"精神" 或 "存在" 只能作为辩证法中的一个要素，而不能将其看成辩证法的基础。"精神" 与 "存在" 作为纯粹思维的产物，仍然是某种固定的东西和绝对第一性的东西，"并因为它们是生成的而将它们视为短暂的。不变项、它们自身的不变性是被创作出来的，它不能从可变项中剥离出来，似乎这样人们就能够将所有真理都掌握在手中。真理与变化了的事实相结合，真理的不变性是第一哲学的欺骗……观念论哲学存在于第一性东西本身（这种东西的内容几乎无关紧要）的基础结构中，存在于概念与事物隐含的同一性中。"❶ 黑格尔试图通过历史动力和意识动力消解不变项，但显然是失败的。只要设定了 "精神" 与 "存在" 这种作为先验的东西，意味着观念论哲学的一种开始，而这种观念论哲学存在于概念与事物的同一性之中。在阿多诺看来，最根本的原因在于对概念的起点的设定，"精神" 与 "存在" 意味着某种观念性的东西。概念的起点应该转向从 "某物" 开始，"没有存在物就没有存在。"❷ "某物" 就意味着向个体性或者向存在物的一种倾向，它构成 "存在" 概念的基础。对黑格尔的辩证法的起点进行批判之后，"阿多诺并未停留在经验 '概念' 上，而是要进一步追

---

❶ [德] 阿多诺. 否定辩证法 [M]. 王凤才，译. 北京：商务印书馆，2019:47.
❷ THEODOR W. ADORNO. Translated by E.B Ashton .Negative Dialectics[M]. Routledge Press,2006:135.

问这个经验的'内涵'是什么。这就需要某种创造性解释。"❶阿多诺深入到黑格尔辩证法的内部乃至哲学整体进行批判。首先，他对黑格尔辩证法中所采取的综合方式进行了解构，这种综合方式是通过活动性的精神概念运动的圆圈式发展而完成的脆弱的体系，由此便产生了主客体的同一性哲学。阿多诺反对这种同一性，这种同一性是传统形而上学思维下建立起来的主体与客体的关系问题。可以说这种同一性的思维以主体与客体的分裂作为前提，通过"精神"原初的同一性，经过自身分裂而产生的思维主体和概念的辩证运动，建立起用思维阐释并包含思维自身滋养的对象性客体事物，以此达到重新统一的绝对知识的同一性的总体性思想范畴体系。在此过程中，非同一性中的个体、差异等被概念进行了强制、吸纳与剥夺。黑格尔同一性哲学的实现是通过主体—客体的建构，并通过放纵的概念的辩证运动所完成的，以不断地否定和扬弃以及不断地走出自身到返回自身中实现对自己的认识，自我认识和自我实现所经历的是同一个过程。总的来说，同一性通过这种方式完成了同一性的自由。在阿多诺看来，这种自由是一种整体性的抽象自由，是一种精神化的延续并带有虚幻性，这种把同一性当做目标的做法将一切认识论和形而上学的东西都带入了虚幻之中，它对现实的人类毫无益处可言。"在一切社会控制面前，在一切对统治关系的适应面前，思想及其逻辑的纯形式也是不自由的。"❷正是由于同一性所造成的等级关系，即凌驾于或强制于非同一性之上，实现的自由仍然是抽象的虚幻自由。阿多诺就此进行了转向，他将哲学的目标转向到非同一性上，并认为哲学的目的应该是对经验自由的向往。"在此种意义上，自由和个体化的原则是相一致的。"❸在否定的辩证法的理论的确立过程当中，阿多诺将辩证法中的"否定"进行了重新阐释，并认为否定应该是绝对的、彻底的否定，更是不包含任何肯定的否定。客体优先性的提出是为了进一步说明辩证法是对非同一性哲学的意识，客体优先性与主体优先性是一对范畴。同一性哲学以主体优先性为基础，在主体与客体之间的分离独立于相互建构的过程中将一切掌控在精神之下，将个别、质、内容、特殊的东西纳入主体之中，必然产生主体优先性的思想。

❶ [德] 阿多诺. 黑格尔三论 [M]. 谢永康，译. 上海：上海人民出版社，2020：131.
❷ THEODOR W. ADORNO. Translated by E.B Ashton .Negative Dialectics[M]. Routledge Press,2006:233.
❸ THEODOR W. ADORNO. Translated by E.B Ashton .Negative Dialectics[M]. Routledge Press,2006:261–262.

阿多诺提倡客体优先性，也就是在诸如个别与一般、质与量、内容与方法的范畴之中都表现在前者对后者的优先性，但其不是感觉材料或设立某种第一性的原则。辩证法与现实的连接表现在其在社会的运用之中，辩证法的肯定性与固定性运用到社会之中所形成的是同一性给社会带来的压抑，阿多诺否定的辩证法的最终目的是从传统辩证法的肯定性压抑之中解放出来，最终实现人类的个体自由的解放。

4.1 否定的辩证法的理论建构前提

阿多诺"否定的辩证法"的理论前提没有站在历史的角度来阐发其理论渊源，而是从阿多诺"否定的辩证法"本身的理论出发做出准备，站在辩证法本身的立场上首先对辩证法作出审视。阿多诺没有像以往哲学中将辩证法定义为一种方法论原则来处理，也不是试图将其当作对客观描写的一般呈现。在阿多诺看来，辩证法应该被认为是对一般方法以及所有简单公式的革命性的批判理论以及功能性的批判话语。由此，辩证法在阿多诺那里成为一种具有批判理论性质和批判话语功能性质的东西。这种辩证法是建立在批判性或否定性的基础之上，并且客观地公正地对待了经验中合理性的质的要素，进一步坚持了现实的复杂性与历史性，但二者并不分离且具有相互联系的特征。坚持现实的复杂性与历史性代表着对异质性经验的追求，这也是哲学从否定中创造的具有合法性的不可消解的东西，它是对事物本质的进一步诠释。当现实的权利成为了意识形态的时候，它蒙蔽了人们的双眼只能感觉现象的外在性存在，而辩证法的内在要求就是要通过否定性与批判性来透过现象看出本质。同时，这也成为哲学批判性的一般要求。此时，哲学中的思想已按照思辨的逻辑来抵抗外在的束缚，自由首先在思想本身中得到了体现，而思想本身的自由体现为一种流动性，这种自由并不同于传统理性哲学当中所实现的抽象的类自由。这种思想的流动性为实现经验中具体的自由打下了坚实的基础，只有对经验自由的追求才能实现哲学的真正目的。

4.1.1　辩证法不是一种方法论

传统的辩证法，按其字面意思理解，被作为思维工具的语言。辩证法的作用就是扫除表达与事实之间的差异，通过纯粹思维的力量寻求真理性。尤其是以哲学教科书体系为主的马克思主义哲学中的辩证法是以联系和发展的观点来看问题的，"它作为一种哲学的操作方法试图用最古老的启蒙诡计手段来解开悖论的难题。"[1]但以卢卡奇所开启的西方马克思主义对辩证法的态度发生了重大的转变，辩证法主要作为一种批判的理论所呈现。阿多诺作为西方马克思主义的成员之一更是对传统的辩证法进行了一次彻底的颠覆。在阿多诺看来，辩证法不应该作为一种方法论的原则而出现，作为方法论的原则只会使传统哲学变为一种理论的图式或将其还原为简单的公式，进而造成同一性哲学的强制。阿多诺所认为的辩证法应该更注重内在的革命性与否定性，这种革命性与否定性不仅体现在对传统哲学的解构当中、对逻辑体系的变革当中、对辩证法本身凝固性的否定当中，更体现在它对现实的客观事物的动力而不是思维的动力当中，因此，不能将辩证法作为单纯的方法来对待，它应该仅作为革命性的批判理论与功能性的批判话语来呈现。

辩证法具有一个有内容的并带有连续变化的历史。从辩证法的历史嬗变来看，最早使用"辩证法"的是在古希腊的苏格拉底时代，最早出现"辩证法"这一词汇是在柏拉图的著作当中，但他却不是辩证法的发明者。古希腊哲学中的辩证法一直被当作言说术或者是论辩术来理解，尤其以苏格拉底的辩证法作为象征。苏格拉底首先将辩证法理解为一种对话的形式，他确定了论题之后通过一问一答的形式，将论题的真理性逐渐暴露使其呈现出它本真的样子。如果从词根上来看，"辩证法"是dialectics,而"对话"是dialogue。可见，词根的相同进一步说明了辩证法是一种对话的形式。另一种是将辩证法理解为矛盾的形式，这种矛盾性体现在苏格拉底与别人进行辩论的对话当中，在对话当中总是呈现着意见的相左，通过论辩当中的正方与反方意见的不一致性激发出真理的呈现。由此可见，早在古希腊时期便开启了将辩证法做为一种方法论并带有逻辑性的先河。辩证法作为一种方法论原则以一种言辞的艺术、对话的技巧甚至

---

[1] THEODOR W. ADORNO. Translated by E.B Ashton .Negative Dialectics[M]. Routledge Press,2006:141.

是一种说服别人的方式而存在。经过了一段时间的消沉之后，辩证法作为存在于人类理性之中的逻辑与方法重新在康德的哲学之中得到重视，这种矛盾不再是古希腊之中的对话双方的正与反的矛盾，它进而演化成了主体与客体之间的矛盾，或者借用康德的话来说是物自体与现象界之间的矛盾。黑格尔传承古希腊对辩证法的理解与态度，将其继续作为一种方法论的工具对辩证法进行积极的高扬与深入的挖掘，将辩证法变成了一种思维方式并赋予其能动的性能，通过概念的辩证运动，康德所遗留的辩证法只能对立的问题在黑格尔那里得到了同一。但在阿多诺看来，正是由于黑格尔对辩证法的方法论原则以及逻辑性过渡的发扬与深入的挖掘才导致了哲学的同一性，而这种同一性表面看来是一种和谐，实则是一种强制，这种强制性最终应用于社会之中导致人类的不自由性。"正如自由只有通过强制的文明，而不是靠'回到自然'而成为现实的一样。"❶阿多诺通过对辩证法的历史起源的考察与对辩证法的本身理解来看，他同意将辩证法本身作为一个矛盾体来看待，因为矛盾就意味着非同一性，也就是主体与客体非同一的辩证矛盾，这一基点继承了卢卡奇的主体与客体之间的相互作用的辩证法的理路，而不是变成纯粹主观辩证法或客观辩证法，无论这两种的哪一种在阿多诺那里都是非法的形式。辩证法的核心与风格发生转变，不再寻求同一的思辨性追求，而是要追求非同一性哲学的意识以避免同一性的强制。同时，他也赞成将辩证法作为一种思维方式来看待，只不过不能将其视为同一性的思维方式。但他并不赞同将辩证法视作一个方法论的原则。"实际上，在'辩证法'这个词的朴素意义上，辩证法既不是一种纯方法，也不是一种现实。"❷它不作为一种方法而存在，是由于阿多诺认为事物是一个矛盾的存在，这种矛盾不可调和，未被调和的事物才能抵制以辩证法的方式对矛盾调和成一致性。说它不是现实，是由于矛盾性本身带有反思的特性，这种反思的特性体现在主体与客体的对立之上，二者在矛盾的思维当中进行演进，当进入现实之时，现实之中的矛盾还需要矛盾来解决。正是在传统的辩证法当中将辩证法视作方法论的原则才导致了辩证法成为事先设定的某种凝固的立场，而这种凝固立场的事先设定也就是对第一性的设定，这种方法通过对某种第一性的固定的

---

❶ THEODOR W. ADORNO. Translated by E.B Ashton .Negative Dialectics[M]. Routledge Press,2006:147.

❷ THEODOR W. ADORNO. Translated by E.B Ashton .Negative Dialectics[M]. Routledge Press,2006:144.

理论前提的设定与凝固化观点的指定，使其按照这种目的论的方式对全部理论进行理性逻辑的推演直至达到某种同一性的要求。而这种通过方法论的原则将其预先设定某种立场的做法预期达到同一性的做法是非法的，阿多诺所做的工作正是对辩证法恢复它的真实有效性。

在阿多诺看来，辩证法不再作为一种方法论的原则而存在，而是在解构与批判当中来说明辩证法是关于矛盾的非同一性的意识，同时它预先并不设立某种凝固的任何立场。这种对传统辩证法一直以来作为方法论原则的颠覆成为了他否定的辩证法的理论前提与基础。

4.1.2　坚持现实的复杂性与历史性

阿多诺 "否定的辩证法" 的另一理论前提便是坚持现实的复杂性与历史性。阿多诺认为传统的辩证法成为了达到同一性逻辑的方法论工具，这是对辩证法本身理解的一种错位。而要跳出同一性思维的逻辑不仅仅要改变对辩证法作为这种方法论的看法，还要对辩证法进行重新地定位与审视，使它明确成为一种关于什么的思维方式。阿多诺再次重申辩证法是关于非同一性哲学的意识，非同一性就具有着矛盾性、特殊性、差别性、多样性等特征，也就是将辩证法回归到经验中来，坚持现实的复杂性与历史性。这种复杂性与历史性并不是单独存在的，他们之间具有相互联系的关系。阿多诺正是利用二者之间的相互联系性来抵制传统理论向某种简单公式的还原。

坚持现实的复杂性与历史性也就是从以往哲学的反方向出发。以往哲学都是从 "多" 抽象到 "一" 来形成概念的一般同一。在概念的一般的同一基础之上，这种抽象的同一性自从巴门尼德确立 "存在" 概念的本质性特征以来，经过漫长的哲学思维方式的发展已根深蒂固地存在于人们的头脑之中，并将此种抽象的思维方式作为由现象向本质进发的人类思想进程的表现，并在黑格尔的辩证法当中达到了概念辩证运动的最高表现，最终达到了主体与客体之思想的形而上学的同一。但在阿多诺看来，这种占统治地位的哲学观点是在概念的控制之下来完成的理性逻辑的进展，它在某一概念本体论的统领之下来完成分属概念的统治金字塔，也就构成了概念同一性的特征。当分属概念还原于统领概念的本体论时，这个概念金字塔王国便瞬间倒塌了。所以，阿多诺在另一本美学著作当中称"同一性是一种幻象"。传统同一性概念的统领总是表现为思想外表的虚设，它在与思想的真实相互纠缠之时，总是将远在思想之外的真实的存在对象进行剪裁，由此强行宣布完成同一性的概念才是达到真理的标准。坚持现实的复杂性与历史性也并不意味着对抽象的反对。抽象意味着概念的形成，它是从众多现实的复杂物之中所寻求的共相的归一，这种概念形成的方式是一般的抽象归一的同一性，阿多诺并不反对这种一般同一性，他所反对的是概念辩证运动过程当中主体与客体的同一性，因为这种同一性带有自我奴役与专制的特征。正是看到了这一点，阿多诺转变了哲学思考的出发点，由传统同一性哲学的反方向出发来得到哲学自身的内省。而这一反方向的出发并不是确立辩证法的立场，只是认为第二性的东西才是哲学思想所真正需要的东西，这种第二性的东西也可以理解为不被同一性所控制的现实的复杂性与历史性的事物，现实的复杂性与历史性不再是由"精神"或者是"存在"开始，因为"精神"与"存在"一开始就代表着虚幻的可能，它所实现的同一性必定带有虚假的成分。阿多诺转变哲学开始的方向，进而从"某物"开始，"某物"意味着向存在物或异质性的倾向。阿多诺认为，"某物"或"存在物"是存在的前提。"没有'某物'任何形式逻辑都是不可思议的，形式逻辑无法清洗掉它的元逻辑的基础。"❶阿多诺进而用康德的理论来证明现实的"存在物"与"某物"的重要性，先验主体进行有效的判断需要感觉的存在，感觉在康德那里成为了"某物"，虽然康德不承认物质成为主观构造的学说，但没有感觉康德的感性的认识形式也不可能形成。可见，这种非概念性与概念总是纠缠在一起，"它不承认概念的自在的存在"，现实之中的非概念性的异质存在物迫使哲学去关注现实的复杂性的事物。存在物与存在一样具有着历史的特性，只不过在传统同一性哲学当中，将存在物当作存在的对象消融在了存在的历史发展过程之中。这种消融的过程也就是典型的黑格尔辩证法的综合作用，使概念的辩证运动达到一个圆圈式的发展。这个圆圈式的运动正是将思想内容或复杂性非历史化，在理性的绝对至上之下排除了内容性的异质要素，使虚构的与单向度的精神或主体成为了哲学认识的基础。而阿多诺将现实的复杂性与经验性的东西赋予了历史的向度，

---

❶ THEODOR W. ADORNO. Translated by E.B Ashton .Negative Dialectics[M]. Routledge Press,2006:135.

也就是将现实的复杂性与历史性相互之间的关系联系起来，他将现实的复杂性与存在物在时间的尺度上使历史性突出出来才能抵制同一性的综合作用。这样，坚持现实的复杂性与历史性会代替同一性的原则而成为一种新的哲学的力量。

4.1.3 哲学在于对经验自由的追求

阿多诺认为在以往的传统的同一性辩证法当中，哲学通过理性的能力最终达到了对事物本质的认识，这种理性的自由性实现了人类在精神层面的自由。这种自由在阿多诺看来是一种人类抽象天性上的虚幻自由，它的完成脱离了现实之中活生生的人类，对人类不再有任何益处可言。自由是与必然性或服从性相对立的，而在传统哲学当中精神或主体理性的自由正是利用同一性的强制与客体对主体的服从来完成的，这便脱离了自由本身的性质。所以，这种自由是在必然之中来完成的，阿多诺要恢复哲学对自由追求的真正本性。他认为哲学对自由的实现过程应该从天国回到人间，从虚幻转为现实。在前两个理论前提中我们可以看到，他对辩证法不是一种方法论的态度的转变之后，又对传统的同一性辩证法进行了彻底的批判，他在批判与否定当中坚持了现实的复杂性与历史性之间的联系，其目的是说明哲学在于对经验自由的追求，这成为他否定的辩证法所要实现的目的，也是他整个哲学最大的理论前提的预设。

阿多诺早在启蒙辩证法当中就已预设了哲学在于对经验自由追求的可能，这种可能性的出现仍然是通过否定的方式对历史性进行叙述。在对其历史性的叙述过程当中，必然阐发出对未来的勾画，只不过这种勾画是在批判与否定的过程当中来完成的。近代启蒙的目的是为了摆脱神话，以知识就是力量的口号来改变社会，并标榜以实现人类的自由与解放为目的。然而，这一过程只能成为口号与标榜，随着知识的不断增长与人类理性的不断提高，启蒙逐渐暴露出它是一种欺骗的做法。启蒙只启蒙了精神，它对精神本身的操控成为了一种自我支配的工具，精神的工具性役使自然服务于人类，"以工具的有效性和可控性来裁剪自然和人，排除差异与多质，来获得便于管理和统治的同一世界"❶。这种同一性的世界有自由的存在，只不过这种自由的存在是在理性的范围内所

---

❶ 包桂芹. 霍克海默、阿多诺《启蒙辩证法》研究 [D]. 长春:吉林大学,2008:41.

实现的，它是一种精神性的整体自由，我们也可以扩大地称之为超验的自由。然而，在启蒙辩证法当中，将哲学的理论同一性延伸到了社会与现实当中，启蒙理性的同一性变成了一种统治的工具，社会与现实以及人的本性成为了它统治的对象，这样标榜进步的启蒙理性实则为退步，同一性对现实中的人类的自由与解放毫无益处可言。

任何哲学都在其一般的因素当中与不自由不可分割地黏在一起，只有不自由的存在才可以激发出自由的可能，自由与不自由始终处于成对出现的状态，社会的持续存在也是在不自由的过程当中绵延地发展。在阿多诺看来，以往哲学对自由的实现是在超验或精神性的基础之上来完成的，只有转变实现自由的方向才可以达到完全自由的可能，这种方向的转变是超出同一性哲学框架之外的东西，它不再确立某种参照的坐标系来实现精神的侵略性，而是将经验性的东西放置于优先的地位，这种经验性的东西代表着质的要素与具体的个别。同时，对经验的个别性的推崇是对同一性辩证法当中的形式主义方法论原则的剔除，这样才能真正地面对现实的复杂性与历史性的具体内容。哲学的真正目的就是认识现实当中质的或个别的东西，整体性与一般性不过是认识个别的手段。那么，哲学对自由的追求也只有在经验之中才可以实现，只有在经验之中才关涉到活生生的人类，只有在此种意义上才能真正地实现人类的自由与解放。

4.2 否定的辩证法的理论内核

阿多诺"否定的辩证法"的理论确立是在对黑格尔辩证法的解构的基础之上形成的，由于辩证法一直以来都是为了达到某种确定性与肯定性，而肯定性与确定性最终是与同一性所相连的，所以在其辩证法的运动过程当中无疑将否定之否定作为辩证法的最终结局。只有对辩证法当中的否定进行彻底的或绝对的否定才能恢复辩证法的批判本性。"说到底，对同一性的批判是对客体的优先性的探索。"❶坚持客体优先性是阿多诺"否定的辩证法"的一个原则，这种原则的确立首先把客体优先性当作辩证法中的一个要素来呈现，以抗拒唯心主义

---

❶ THEODOR W. ADORNO. Translated by E.B Ashton .Negative Dialectics[M]. Routledge Press,2006:183.

辩证法当中以主体将客体吞并的趋势。主体之中也必然包含着客体性的要素，客体也不能离开主体而存在，同时客体有其优先性。在阿多诺 "否定的辩证法" 中概念的星丛的建立意味着彻底打破了传统辩证法当中主体与客体的同一性的关系，主体与客体之间不再表现为谁吞并谁或者谁还原于谁的关系，而是表现于一种类似于星座当中的相互渗透的彼此平行存在的不相整合的集合体，这使阿多诺建立了一种非同一性的辩证法的形态。

4.2.1　绝对化的否定

阿多诺绝对化的否定是由批判 "肯定的否定" 开始的，这种带有 "肯定的否定" 构成了黑格尔辩证法的核心内容，也是通向同一性哲学的最纯粹的形式运动原则。而阿多诺认为黑格尔的辩证法当中的否定性原则并没有错，阿多诺也继承了黑格尔当中的否定性的原则，也就是继承了 "它唯一的肯定的方面是批判，即确定的否定，而不是突然转向的结果或幸运地被把握的确证" ❶。但阿多诺对否定的理解却不同，他认为应该是绝对的否定、彻底的否定、不包含任何肯定的否定。

辩证法在黑格尔那里一直以来作为一种方法论来解决矛盾，在这种辩证法当中就表现为差异或被叫做否定。然而，这种否定却产生出了肯定性的可能，即否定之否定被确立为与肯定的同一性原则相一致。黑格尔提出辩证法的目的原本是与形而上学相对立的，但经过黑格尔将辩证法的动力原则的过程确立为最终达到 "否定之否定" 的环节之后，黑格尔的辩证法便以一种反辩证法的姿态出现，他所完成的是一种最大的确定性或肯定性的形而上学的同一，这种同一是在被叫做绝对精神的概念框架之下所实现的主体认识客体的真理性的实现过程，他的目的是达到人类的整体的自由与解放，实现人与自然的真正统一。阿多诺认为黑格尔的辩证法的 "否定之否定" 的运动原则的环节是从一种叫作数学逻辑当中借用来的，按照数学逻辑当中负负得正的原理将否定设定为负，"否定之否定" 也就是负负得正为肯定。这种最终的肯定性与确定性的道路是由主体性的原则开始的，肯定性的原则与否定性的原则在启蒙以来便被包含在主

---

❶ THEODOR W. ADORNO. Translated by E.B Ashton .Negative Dialectics[M]. Routledge Press,2006:159.

体性的原则之中，这种主体性通过不断地升华变得越来越抽象，它在否定性的作用之下达到对客观规定性的认识，即达到确定性或肯定性。然而，这种否定首先是由肯定开始的，对其主体自身进行否定之后经过了否定的扬弃所达到的否定之否定的重新肯定，都是对确定性或肯定性的同一性的再一次增长。黑格尔正是通过扬弃以前步骤的方式实现同一反复的功能从而达到"主观任意地确证的"抽象的肯定性。抽象的肯定性是通过作为辩证法的方法论原则来实现的，并非通过对现存事物的肯定性所实现，在此意义上更能证明肯定性的不实在性或者其抽象性。在其达到最终的肯定性之前，否定是对现存事物的否定，连续的否定之否定的方式不会真正达到肯定的东西，它所实现的肯定是抽象意义的肯定，而这个过程只能证明否定的不彻底性、不绝对性、不充分性，也就是回到了主体的自身之中。在这一黑格尔的辩证过程当中，辩证法的圆圈式运动是通过牺牲个体性、差异性、特殊性等带有原动力性质为代价的，它最终所实现的肯定也是抽象的肯定，而起初的事物终究不会得到重视，它会随着肯定、否定、否定之否定的扬弃过程的螺旋式上升的同一性增长而被吞并。他以同一性的方式解决了主体与客体之间的矛盾，用概念的辩证运动恢复了第一性的可能，但他所不能解决的仍然是辩证之中非同一物的东西，他所实现的是虚假的、抽象的非同一物，即肯定性。

而阿多诺与黑格尔辩证法的彻底决裂之处表现在"被否定的东西直到消失之时都是否定的"。在阿多诺看来，黑格尔辩证法的原则不应该遵循"肯定、否定、否定之否定"的原则，而应该转变为"否定、否定、再否定"的原则，即绝对否定的原则。"否定之否定也是一种同一性，一种新的幻觉，是推论的逻辑——最终是主观性原则——对绝对的投射。"❶这似乎成为黑格尔辩证法体系的运动的重要环节，没有这个环节黑格尔的辩证法体系会轰然倒塌。但在阿多诺看来，辩证法的真正实质是对非同一性的意识，这种非同一意识的呈现只有通过他者对同一性的抵制才能展现辩证法的动力，他者意味着对客体性的重视。矛盾不仅存在于主体之中，更渗透于客体之中。客体性更接近于真实，只有通过不虚幻、不抽象的真实才可以使辩证法不失它的确定性。"用阿多诺本人

❶ THEODOR W. ADORNO. Translated by E.B Ashton .Negative Dialectics[M]. Routledge Press,2006:160.

更愿意用的方式来讲，真理所要面对的决不是主体性、命题自身静态永恒的等同。"❶同时，主体在辩证法之中也应该带有否定性的力量，正是这种否定性的力量的丧失导致了现实对人的统治、整体对个体的压抑，只有恢复主体的否定性的力量才能实现个体的自由解放。

4.2.2　坚持客体的优先性

客体优先性的提出是为了进一步说明否定的辩证法是关于非同一性哲学的意识。同一性总是在物质第一性或精神第一性的原则之下来完成，无论是第一性哲学还是作为基础性哲学都是将概念作为它的首要性，基础哲学的思维形式构成了概念的首要性问题，概念将它所思考的东西同一起来，最终将体系和概念包容到自身，这种思维都被阿多诺称为是主观主义的。这种主观主义的表现是通过主体作为一种尺度来对客体的内容进行压榨，因为在主体看来客体是对它本身的一种威胁。"甚至只是在主体被限制时，它就已经被剥夺了权利。根据自身绝对性的标准，主体在非同一之最微小的剩余中也感受到了绝对的威胁。"❷在这种威胁下，"主体狂妄地要求自己成为整体"。阿多诺坚持客体优先性的原则就是要摆脱确立某种第一性的可能，"优先性"一词的应用就代表着要避免本体论的出现，因为作为本体论的第一性总是向概念或主体的复归。客体优先性与主体优先性是一对概念范畴，设立主体优先性也就是第一性的东西最终所导致的便是第一性哲学和二元论走在了一起。"客体优先性的地位也意味着是辩证法中的一个要素，并没有超越辩证法，而是在辩证法中予以表达。"❸只有建立客体优先性的原则才能实现将个体性、特殊性、非同一物从概念的普遍统治之下以及理性同一性的桎梏之中解放出来。

认识论的一个发展倾向是将客体性不断地还原于观念主体当中，这种还原性的起点从近代的唯理派开始便注重了人的主体理性方面，直到康德的先验框架哲学的实现在知性思维方式之下将物质体撇开实现了主体与主体对象的同一。康德的这一先验的框架为现代的一些理论的命题提供了一个范导的作用，例如

❶ 张亮."崩溃的逻辑"的历史建构 [M]. 北京：中央编译出版社,2003：301.
❷ [德] 阿多诺. 否定辩证法 [M]. 王凤才,译. 北京：商务印书馆,2019：208.
❸ THEODOR W. ADORNO. Translated by E.B Ashton .Negative Dialectics[M]. Routledge Press,2006:184.

波普尔的"理论先于观察"、胡塞尔现象学对先验本质的还原以及海德格尔对存在的探寻都构成了对先验主体还原的唯心主义倾向。客观性在无意识之中便被驱逐到了主体的认识框架之外，或者在黑格尔的辩证法当中的客体或者是被称作是物自体的东西也被包容进了绝对精神之中，这使主体在其精神领域内达到了万能。但在阿多诺看来，这种由精神主体控制客体的至上原则是一种空洞的幻想，这种幻想致力于将认识论的东西以及形而上学的东西带入其中，使主体成为"万物的唯心主义的创造者"。阿多诺反对这种先验观念的主体预设或还原某种第一性的想法，在这一过程当中它把客观的东西当成了某种固有的存在物，所以这是一种主体构造的失败。但阿多诺并不反对主体依赖于客体中介性的这种思想。客体的存在虽然通过主体来进行，但它从本质上来说是"不同于主体的东西"❶，主体在吞并客体或还原回主体之后，经过反思之后的主体本身也会察觉到主体先天性地作为一种客观性的存在。客体可以离开主体而存在，但主体本身作为一种客体的存在给主观性增添了一部分的意义，而客体成为主体却未能增添客体性的意义。阿多诺还用"我"与"我的"以及"我思"来阐述主体与客体之间的关系。"我"作为一个经验的主体是置于时间之中的客观性的存在物，而"我的"作为众多客体之中的一个主体的"我"也是以客体的方式而存在，只有"我的"才会产生出"我思"，即客体优先才可以产生主体，同时主体本身也带有客观性。

作为人类总体理性的精神，它既是真实的又是虚幻的。它的真实性在于以一种整体性的形式逻辑成为对任何东西的统治，而它的虚幻性在于它所实现的理性统治的绝对至上并没有使精神履行它本身的自由性，它只是在抽象的理性领域之内实现了整体的自由，而将此种逻辑应用于现实之中仍然给人们带来了压抑与统治。但在阿多诺看来，客体优先性的原则显得尤为重要。客观性并不意味着某种直接的东西，它是作为辩证法当中的一个要素而存在，但这个要素始终存在于辩证法之中。客体的优先地位只有通过主体的反思才可以达到，这表现在客体总是受抽象的逻辑规则所影响通过主体的原始反思史为依托来表现客体史。由此可以看出，客体与主观性之间是相互缠绕的，只有通过主体的辩

---

❶ THEODOR W. ADORNO. Translated by E.B Ashton .Negative Dialectics[M]. Routledge Press,2006:183.

证的中介才能够反思客体本身，同时主体在辩证当中离开客体性的要素也会使主体成为毫无意义的虚假存在。客体优先性原则的确立彻底意味着在同一性辩证法当中对主体与客体之间的这种调和的失败性，理性的绝对至上性也随着客体优先性的原则的确立而崩溃。

4.2.3 "概念的星丛"理论

阿多诺在"否定的辩证法"当中建立了一个"概念的星丛"理论。在星丛之中没有否定之否定的原则，他们也不再听任以理性概念为指导的概念递进式的抽象至上性原则，也就是最高原则的抽象。星丛当中的主客体之间的各个要素依靠客体优先性的原则也可以生存下来。同时"这个星丛阐明了客体的特定性，客体的特定性对于一种分类方法来说既不是一件无关紧要的事情，也不是一种负担。"❶这种阐明表达了这个星丛关注的是对象的特殊性，辩证法虽没有语言可进入星丛之中，但星丛可以作为一种语言来表达这种模式，但它并未形成概念，而是围绕概念。阿多诺"概念的星丛"理论的确立彻底打破了传统同一性辩证法的主体与客体同一性的关系。主体与客体不再表现为同一性的关系，而是以一种对立的不相整合的并列形式而呈现。

概念是一种精神的主体，它在形成的过程当中切掉了多余的客体性的东西，这种客体性的东西才是概念所要表达的意指的内容，星丛的作用便是将概念所割舍的部分聚集起来将其置于概念的外部，"使概念进入一种关系，集中注意一个事物来为概念提供客观性。"❷这种星丛状态的产生是按照语言模式的表达方式所形成，通过语言的表达来诠释概念所要表达的意指的东西。"类似于写作的东西是通过语言来使那些被主观的思考并征集的东西向客观性皈依。"❸语言一开始就被认作对事物的标记和符号，它主要是从经验的事物当中所得来。而哲学的研究对象一直以来都不是经验中的事物，人们便不会对于一个在现实中不存在的事物进行标记。语言只能在科学意义上被称为经验的语言，语言对科学的进一步表达只能被称为表述，即用语言来描述事物本身的规律。而当语言

---

❶ THEODOR W. ADORNO. Translated by E.B Ashton .Negative Dialectics[M]. Routledge Press,2006:162.
❷ 同上。
❸ THEODOR W. ADORNO. Translated by E.B Ashton .Negative Dialectics[M]. Routledge Press,2006:165.

面对哲学时，却没有固定的统一的模式，在哲学中只能用经验中的语言来表征超经验中的事物。就此，一些表征性的方法便出现了，例如引喻、象征等诸多方式，阿多诺称之为一种简单的"摹写"。从之前的哲学史来看，对于哲学的表达可以说是多种多样，有柏拉图的对话式、斯宾诺莎的几何学式、海德格尔的诗式结构、赫拉克立特以及维特根斯坦的短语警句式。但哲学所要表达的事物本身是复杂性的，复杂性只能做状态的描述而无法抽象，这与语言的产生是相矛盾的。因此，语言产生于对静态事物片面性特征的表达，结果导致语言远离事物本身。在康德以前的哲学对事物状态的表达采取的都是对事物静态的形而上学方式的表达。由此可以看出，只有表达事物存在的真实性状态才可以通达事物的本质。黑格尔便转变了思维方式，他将辩证法引入其中的目的是对事物进行动态的表达，黑格尔看到了语言和思想的不一致性，他试图将语言尽可能地与思想达到一致。由于思想具有动态的特性，而语言具有固定的特性，只有让语言运动起来，即实现概念自身的辩证运动。由此，黑格尔运用辩证法的语言方式既把握了事物的状态又把握了事物的运行规律，语言在黑格尔辩证法当中就把握了事物的全部。但在阿多诺看来，"尽管'辩证法'在最纯粹字面的意义上以语言为前提，但黑格尔的辩证法却是一种没有语言的辩证法"❶。因为，在黑格尔哲学中所有的东西都具有无语言和不透明的精神，这种事先被预设好的精神是无法被拯救的。只有在概念外聚集的不可分解的非同一性的东西才能够通过语言摆脱强制。因此，非同一与概念形成了对立，非同一的活动外化特征摆脱了同一性的固化，非同一才能达到自身。

黑格尔的辩证法的目的是为了达到与科学的一致性，他所实现的对事物本质的探索都是在精神的作用之下来完成的。在精神之中所生发出的某种关联性也就是异于概念所产生出的客体最后又恢复其概念自身之中达到某种同一性的要求。阿多诺用星丛的方式将概念之间的相关性及其联系性打破，他将由概念抛出的客体性组建成星丛的模式与概念形成对立，在与概念的对立过程中将这种客体性或非同一性浓缩成个体的存在。个体的存在与概念的内在性是一样的，它是经历这个过程之后沉淀下的历史并富有客观性。"历史既在个别中又在它

---

❶ THEODOR W. ADORNO. Translated by E.B Ashton .Negative Dialectics[M]. Routledge Press,2006:163.

之外，客体是个别在其中有自己位置的包罗万象的东西……只有知识才能催生对象中的历史，这种知识也使处于对象关系中的历史之重要价值当代化，即一种被知识改造的、已经被意识到的东西之现实化与浓缩。"❶在星丛之中对客体性的认识就是对客体过程史的认识，历史的客观性将使星丛也带上历史客观性的维度。历史反过来也会制约客体的星丛，星丛在其历史的形成状态中被理解。这样，星丛的当下也就是历史的表现形式。

　　阿多诺在否定的辩证法当中用星丛的概念对辩证法当中的要素进行了重新整合使其成为一个集合体，在其变动的整合当中重新规划了主体因素与客体因素之间的相互关系，并且避免使某一种因素成为这种集合体的本原，传统的同一性的辩证法在调和主客之间的关系时都驱散了非同一性的质的要素。阿多诺利用星丛的概念重新恢复了客观性质的要素，将概念性的方向进行了改变，使其更趋向于非同一性。由此，构成了否定的辩证法的关键。但阿多诺的"否定的辩证法"并不只局限于理论层面，"对星丛的追求是现实的历史过程强加于我们的"❷，他还将此应用于现实之中并对现实进行了批判。

4.3　否定的辩证法的理论批判指向

　　阿多诺"否定的辩证法"不只局限于理论层面的批判，他的目的是将这种理论的批判性应用在现实的社会当中。阿多诺看到现实的社会受到理性同一性思维方式的制约，进而表现在人对自然以及人对人的奴役的现实性上。从总体上看，人类主体与物质客体的相互作用需要社会的中介来进行，人被控制在了这个"被管理的世界"当中。在阿多诺看来，在这样的具有危机性的境遇之中才滋生了批判的可能，只有对同一性的思维方式所造成的现实的事物以及社会的压抑进行抵制，才能使社会达到更完善的目的，这种完善的目的就是将人从压抑的社会之中解放出来，实现个体的人的真正自由。

❶ [德] 阿多诺 . 否定辩证法 [M]. 王凤才，译 . 北京：商务印书馆，2019：185–186.
❷ THEODOR W. ADORNO. Translated by E.B Ashton .Negative Dialectics[M]. Routledge Press,2006:166.

4.3.1 现实与辩证法的内在连接

阿多诺"否定的辩证法"在其理论层面对理性的同一性的思维原则进行了彻底地批判，而对其的否定及其批判的理论目的的最终指向的是现实的直接性。前面已经论述到，传统同一性的辩证法主要体现在黑格尔的辩证法当中，这种辩证法所最终实现的是在精神的作用之下主体与客体的辩证的同一。在阿多诺看来，这种辩证的同一使黑格尔的辩证法走向了一种肯定性，因为黑格尔通过概念的辩证运动使得主体与客体之间达到了最终的和解，这是掩盖现实的压迫与矛盾的最好的良药。由此，现实与同一性走到了一起才成为了一种相互对应的哲学样态。而阿多诺"否定的辩证法"正视了现实的压迫与矛盾，由于这种社会的不公与强迫才使阿多诺站在了彻底否定的立场之上，只有打破传统的同一性的思维方式才能解决现实的矛盾。

阿多诺对现实的批判以及现实与辩证法的内在连接早在启蒙辩证法当中就有体现。从近代的启蒙以及宗教改革开始，人们为了摆脱神话的束缚将以知识为代表的进步与自由带入了现实社会之中，形成了以理性原则为指导的现实社会生活，这种理性原则的确立为人类支配自然以及对科学技术的掌握奠定了一定的基础，同时它也为资本主义的发展提供了理论资源。资本主义社会是一个分水岭，在此之前的社会是以宗教及其他文化为主导的与政治的联姻，而进入资本主义社会之后，随着宗教权利的丧失以及知识的增长使得社会明显分工，工作任务逐渐向可计算性的细致化与具体化转变，资本主义社会的合理化进程是在社会逐渐被工具化的过程之中所实现的。人们对自然的征服的渴望使自然界变成被简单支配的客观存在，事物的异化在无形之中增长了人们的权利，而权利越大给人的束缚也就越多。启蒙理性由此变成了非理性。阿多诺就此做了进一步的分析，他认为这一切都是由进入资本主义社会之后以经济以及工具理性为主导的原则所造成的。"服从辩证的戒律只能为经验的质的多样性付出代价，在这个被管理的世界里，经验的贫穷却被证明与抽象的单调相一致"❶。在技术发展的时代人们用公式原理等代替了思维，思想中的经验性存在的质的区别被忽略掉了，在主体之中用同义反复制造了整齐划一性，正如启蒙当中的神

---

❶ THEODOR W. ADORNO. Translated by E.B Ashton .Negative Dialectics[M]. Routledge Press,2006:6.

话形象都是由主体这样的一致性所扮演的一样。人在现实当中只能作为单纯的类本质而存在，人只能在整体性的强制之下忍受这孤独的制约，社会机械性劳动潮流迫使人们只能顺应，更重要的是理性也由此丧失了反思的能力，它对现实的矛盾及其对真理的歪曲也无动于衷。"启蒙理性的自身逻辑使得它对自然的支配同时也就是对人的支配：为了控制和征服自然界，它只能从单纯的感性材料中确认客体的筹划功能，这样，人的存在也只能按照操作和管理角度的方式，从而遮蔽了人的真实性存在；自我持存所支配、统治和破坏的正是人的生命。"❶ 由此，我们可以看到，人类社会的发展过程是一个一直受工具理性同一性思维的强制过程。这种由理性转变为工具理性或非理性的过程是通过主体的强制所造成的。阿多诺认为，这种主体的强制是对现实的合理化进行确证并认同的手段，同时它也构成了同一性思维的根源。尤其资本主义发展过程中的交换原则，"将人的劳动还原为（社会）平均劳动时间这个抽象的一般概念，与同一化原则是同源的。在（商品）交换时，这个原则有其社会模型，而且没有这个原则就不是交换。"❷ 只有对这种所谓自由与平等的交换原则进行批判才能超越其所造成的实质性的不平等与强制，而交换原则是在同一性强化为最终的绝对中实现的。在资本主义社会的现实当中，主体强制的同一性的过程体现在商品经济的交换原则的过程之中，人类劳动以交换原则的方式通过等价交换将一切事物进行了平均量化，以此用 "数" 来完成抽象的等量交换，这种以商品交换原则为基础的社会模式是通过对社会平均劳动时间的一般抽象还原为概念的做法，类似于理论的同一性原则。只有通过这一原则才能使商品的交换成为可能，"正是通过交换，不同一的个性和成果成了可通约的同一。这一原则的扩展使整个世界成为同一的，成为总体的"❸。社会的这种同一性是受合乎逻辑的辩证方式所影响，这种合乎逻辑的方式已经变成为一种教条流传至此，要想对这种教条进行打破只能恢复起对特殊性、非概念性与个别性的记忆才能完成。

　　无论是在哲学理论层面的同一性还是在社会现实之中的同一性都是通过概

---

❶ 胡绪明. 评阿多诺现代性批判理论的基本路向 [C]. // 上海市社会科学界联合会. 上海市社会科学界第五届学术年会文集(2007 年度)（青年学者文集）, 上海：上海人民出版社, 2007：199—202.

❷ [德] 阿多诺. 否定辩证法 [M]. 王凤才，译. 北京：商务印书馆, 2019：167.

❸ THEODOR W. ADORNO. Translated by E.B Ashton .Negative Dialectics[M]. Routledge Press, 2006:146.

念的哲学掩盖了思想及其与思想相异质的内部的自相矛盾性，人类对同一性的这种秩序性与不变性的追求反而走向了错误的道路，它在某种程度上掩盖了社会的不平等与不自由，"统治外在自然和内在自然的两个因素在人对人的统治制度中联系到了一起，并被固定了下来"❶。它最后的结局只能使社会向集权主义与盲从主义加快脚步。就像阿多诺所陈述的奥斯维辛集中营的模式那样，通过对这种现实的具体性事物的分析使阿多诺"否定的辩证法"与自身的概念一起进入到了现实的领域。只有打破限定在社会之上的同一性原则，通过抑制普遍的强制回到人类主体与物质客体的相互作用之上，使社会与人类达到自由与平等的可能。

4.3.2 人类主体与物质客体的相互作用

阿多诺"否定的辩证法"在哲学理论层面打破了主体与客体同一性的关系，这种关系的解决是通过对概念的重构使其对非同一性星丛理论的追求来完善的。通过上一小节的论述，我们会看到主客体之间的辩证的同一性在其现实的社会当中也会成为统治的操纵者，使社会带有了虚假的普遍至上性的片面性特征。实证主义从社会是自然的一部分出发，将社会确定为一种客观存在物，这同样从片面性出发，使社会缺乏辩证性与批判性。主体与客体不再是理论层面上的单薄的主体与客体，将其引用到现实之中就变成了带有代表性并具厚重感的人类主体与物质客体。在阿多诺看来，二者之间的关系需要通过社会的中介来进行，社会既不表现为一种客观的存在物也不表现为个体主体的总和，而是表现在人类主体与物质客体的相互作用之中。

阿多诺对社会观的理解源于对以往形而上学式的唯心主义的批判以及对实证主义的批判。在传统形而上学的唯心主义观点当中，社会作为一种个体主体的总和而呈现，它所表现的是一种精神的存在。黑格尔作为形而上学唯心体系的最高表现者，他认为社会是一种历史过程的存在，而这种社会的历史过程早已蕴含在总的和绝对的精神之中。这种绝对精神的具体表现的外在形态就是法权、民族与集团等社会的历史现象。他的这种将纯粹的逻辑应用到现实的逻辑

---

❶ [德]哈贝马斯.现代性的哲学话语[M].曹卫东,等译.南京:译林出版社,2004:140.

的做法"其核心就是确立了社会历史理性，将普遍至上的理性精神作为统摄一切社会历史现象产生、存在和发展的最终原因和根据"❶。阿多诺认为，黑格尔的这种对社会历史的理解是将特殊性吞并在普遍性的自身之内的，将社会历史的理性作为一种普遍的原则来贯穿现实是一种虚假的、片面的做法。他只看重了社会历史在由人类个体主体的总和的创造之上，而忽略了作为客观存在物的特殊性方面。将此体现在黑格尔的辩证法之中便是将普遍性作为了先于特殊性之上，它作为一种原则对特殊性进行规定与吞并是一种强制的做法。在阿多诺看来，辩证法本身就是一种矛盾性的范畴。普遍性与特殊性之间并不是其中一方吞并另一方的关系，它是涵盖了差别性以及否定性在其中的。而黑格尔却掩盖了普遍性的否定性方面，将二者的差别性消磨在了二者的同一之中。所以，阿多诺认为黑格尔将辩证法的理论同一性的逻辑引入现实的社会之中也是如此，社会只能是作为人类个体总体的普遍性的结果。随着哲学的不断发展，黑格尔的绝对精神的体系也在瓦解，哲学又一次处在了分裂之中。一些社会科学家例如狄尔泰和韦伯将德国哲学传统与社会学进行了结合，他们进一步确证了社会当中的理性成分，并将社会理解为具有精神性与主体性要素的普遍中介，在合理性的范围之内达到对社会的形成。无论是在德国古典哲学之中还是发展至韦伯的哲学，对社会的理解都体现在精神的层面，这种社会是一种单向性的、主体性的精神构成，正是这种构成使得社会变成了一个统治性的牢笼。而作为辩证法的另一极即客观的存在物，实证主义认为社会应该来源于此，以此来反对韦伯等人从精神层面理解社会。实证主义是在反对形而上学的抽象性上建立起来的，实证就意味着要着手经验性、精确性、肯定性等方面，客观的存在物就成为实证主义的出发点。孔德认为社会是自然进化的结果，社会成为了自然客观物的一部分而存在。

就这样，唯心主义形而上学以及实证主义分别从两种对立的形态对社会进行了规定，这两种规定都是从社会的单方面来进行思考的，它缺乏了社会的辩证性与批判性的功能。阿多诺认为社会应该是一个在复杂的运动状态下充满矛盾的统一体，它是在人类主体与物质客体的相互作用之下才产生的。而这一矛

❶ 吴友军. 批判的人学 [D]. 长春:吉林大学,2004:55.

盾的统一体并不是对于前两种社会形态的简单的综合，阿多诺同意黑格尔社会历史观当中对于社会主体与社会存在的确定，他所反对的是黑格尔的社会历史观是在精神的孕育当中所阐发的。社会主体和社会存在与阿多诺所阐述的人类主体和物质客体所相对应，人类主体与物质客体之间的活动展开是矛盾着的，这种矛盾关系是互不分离的。

第 5 章

阿多诺"否定的辩证法"
的理论转向

　　法兰克福学派以批判理论自居，其中阿多诺"否定的辩证法"的理论精神实则充满着对社会的思考与对现实的关怀，其目的是表达对人类命运以及自由性的担忧。这种理性的精神的光芒是通过否定的辩证法所揭示的，他一再强调辩证法所真正关注的东西——实事。实事是事物本质的体现。因此，实事的意义并不是实证主义所追求的事实的东西，也不是胡塞尔哲学中"回到实事本身"中物化的社会现实。辩证法所关注的实事是社会现实中主体性的人。由此，触发了阿多诺"否定的辩证法"的理论转向问题。

　　自启蒙运动以来，神话以及信仰被否定，经验中由感觉所带来的异质性的东西被剔除。从而启蒙思维不再要反映与描绘世界，它所创立的是一个由理性所掌控的具有逻辑性、科学性、体系性的自由世界。但这样的启蒙理性曾经令过多人感到担忧，康德对启蒙的担忧体现在启蒙本身的理性权利，他将此归于非理性的勇气，但仍没有解决启蒙本身的实质性问题，他甚至进一步担忧启蒙理性对人类的控制；尼采和叔本华关于意志的论述也对启蒙理性进行了质疑；霍克海默与阿多诺沿着这样的思路，他们认为启蒙所创造的理性自由的世界并没有得到启蒙之光的照耀，启蒙运用理性驱逐了神话与信仰，但随着启蒙的发扬与理性能力的逐渐扩大，又一次降临了新的神话。这种新的神话体现的是启蒙虽在人类历史上实现了一段自由，但这种自由是一种理性的、精神的、整体的类自由，它与现实中的个体的人越来越远。除此之外，启蒙的自由性也在逐渐地减退，并由此向它的反面发展，人类通过理性所创造的逻辑、科学与体系都是排除了异质性经验的东西而实现了同一性的原则，这种同一性的原则成为了统治人们的工具，社会的形成本是人为了自身存在与发展的结果，而经过物化过程即交换原则的社会被物化，社会中的人同样被物化，异化了的人不得不遵守物化社会的规律性和一般性，人类无任何自由可言。阿多诺"否定的辩证法"的自由正是对以往传统同一性哲学中所实现的类或整体自由的一个转向，阿多诺立足于非同一性的层面，对同一性所造成的科学、逻辑与体系进行了批判，其批判的目的是解决现实之中人类的个体性的自由与解放。

5.1　阿多诺对同一性自由的批判

阿多诺对同一性自由的批判体现在对逻辑、科学与体系的批判之上。逻辑是指以形式逻辑占主导地位的强制逻辑的理论工具，这种工具能够把客观的经验世界或现象世界转化成知识，但形式逻辑实际上是一种思维的法则，思维的法则是在主观当中形成的法则。因此，形式逻辑是一种形成于主观当中的纯粹形式的思维逻辑，它并没有进入到事物的现象内容，更与事物自身的法则无关。所以，它只能作为人类获取客观世界知识的工具。将此种逻辑应用到社会之中使社会变成了一个同质化的社会，人与物被归结为"原子"的作用，同样降低到了同一水平，逻辑的标准限制成为阻碍自由和方便的工具。因此，阿多诺主张批判形式逻辑，它是人同质化的理论工具。科学的发展是文明的象征，而这种文明的合理性却建立在可度的量性之上，事物排除了质的差别被简单地抽象成为量，个体的自由更无处可寻。思维体系的产生建立在科学的否定和质的差别之上，这种对经验异质性的排挤建立了抽象概念的秩序，思维通过概念的形式将客体吞并其中，使其成为一个同一性的封闭哲学体系，这种体系不容忍任何体系之外的东西，将世界彻底变成被管理的世界，它只能在自身之内实现着肯定的无限性，"即有限的和静态的东西，并以这种方式保持自身"❶。从而失去了流动性的可能，这种静态体系的凝固化毫无自由可言，它将自由葬送在了这个圈套之中，只有通过否定体系才能获得完全的自由。体系哲学随着社会需求的变化，资产阶级的本质以追求自由和解放为目的，但这种自由和解放是不完全与不彻底的。在资产阶级意识主导之下将其理论进行扩张以此形成一种强制机制以弥补先进意识的取代，事与愿违的是资本主义社会的发展与同一性哲学相适应，人的具体经验越来越被同一性的强制机制所抽空，人沦为资本主义的机器毫无自由可言。

5.1.1　逻辑是人同质化的理论工具

这里的逻辑是以形式逻辑占主导地位的理论工具，这种逻辑的发展是不能

---

❶ THEODOR W. ADORNO. Translated by E.B Ashton .Negative Dialectics[M]. Routledge Press,2006:27.

独立存在的，它始终不能与人类的思维活动的历史性发展相分离。逻辑在依赖于纯粹思维主体的功能之下，将个体性的差别消融在了纯粹主体的思维之中，将事物自身的属性进行了重新的规范与统摄，这一过程正是启蒙以来主体理性对经验性的内容进行抽象与同一的过程，进而逻辑成为了人的同质化的理论工具。这一工具的产生为同一性哲学理论的形成奠定了一定的基础。就这样，逻辑在某种程度上成为了同一性哲学的根源。

从古代及中世纪对客观规定性的追求开始，到近代康德之前的哲学对主体能力的探索，再到德国古典哲学对主体与客体同一性的研究都与形式逻辑密不可分。各个时期的哲学形式都是将形式逻辑作为一种工具来对"本体"进行探索，"本体"就是对人类的一种假设，也可以说哲学就是人学。逻辑伊始于逻各斯这个词，它意指探索万物的本质与规律的工具。亚里士多德首次使用了逻辑这一术语，他按照逻各斯的概念将其理解为与事物的内容不相分离的"形式"为万物的本质。直到近代的自然科学与经验论的发展，在那里便把逻辑认定为对思想以及论证所表达的理论工具或者是形式手段。它所依据的核心是同一律，同一律的特征是将事物中性质不同的东西排出，使其达到整齐划一。这种逻辑首先从经验中的客体出发，从其客观事物本身或关系之中通过抽象与排除差异来寻求出基本规律及规则。进入启蒙理性之后，培根对历史、哲学与逻辑进行了概括性的阐释，他说："历史使人明智，哲学使人深刻，逻辑使人严密"，他似乎对逻辑进行了肯定地回答。而随着启蒙的发展以及理性能力的逐渐扩大，形式逻辑始终不能与人类的思维活动的历史性发展相分离，逐渐表现为主体的创造性功能，它越来越依赖于纯粹思维的主体功能而不再局限于客观事物当中。这种形式逻辑对主体理性的依赖，使个体性的差别消融在了纯粹主体的思维之中，将事物自身的属性进行了重新的规范与统摄，此时的形式逻辑带有了压迫的性质，使异质性的内容陷入到主体之中。这种逻辑是在思想的普遍性的基础之上建立起来的，它与同一性交织在了一起，二者互不分离。反之，就不能把握事物当中同一的东西即本质。这一过程正是启蒙以来主体理性对经验性的内容进行抽象与同一的过程，进而逻辑成为了人的同质化的理论工具，人的同质化是同一性的表现形式，它在形式逻辑的基础之上来完成。

当形式逻辑应用到现实社会之中，也表现为一个同质化的社会。在具体的现实社会中，形式逻辑通过具体思维抽象出思维形式，这种思维形式研究的对象仅仅是抽象出来的形式，不涉及社会内容方面。它对现实社会中的概念进行直接应用而不关心具体概念的形成过程。而社会是人类主体的一个缩影，物质生产的过程与哲学理论构造对应起来，形式逻辑作用于社会之中，社会的理性处于一种无意识的状态，通过商品经济的交换原则建立起了同一性。这主要表现在资产阶级按理性中的形式逻辑的原则与商品市场的经济相一致，资产阶级社会的整个机制受商品市场的经济法则所影响，人的一切关系成为被商品交换价值中以等量交换形式的金钱所统治的关系，资产阶级理性中的形式逻辑所造就的商品交换的体制吞并一切，人与物被归结为一种 "原子" 并降低到了同一个水平。而这一切都是由形式逻辑所造成的，在形式逻辑之中遵循着一种差别者形式之间的同一性，它的表现形式就是 A=B=C。客观世界的一切联系消融在形式逻辑之中，与辩证逻辑形成对立关系。人与物被归结为一种 "原子" 的作用，并降低到了同一水平之上，也就是遵循了形式逻辑中的这一原则。人与物在社会之中呈现为一种差别性的存在，但由于商品交换原则中金钱的作用，作为整体社会之中的人与物各自所持的特征或差别性都已接近相同的作用。社会如同一个整体均匀的事物，人与物在金钱的作用之下达到了如同原子的等量，作为局部的原子共同组成了事物整体的模式。由此，从形式上看作为物与人的原则不会有多少差别性，它们之间的差别性在商品交换原则的作用之下达到了同一的可能。原子成为了被统一的原子，消除了个体之间的差异性，人与物在形式逻辑工具的作用之下完成了它的同质化。

5.1.2 科学否定质的差别而拒斥自由

宗教改革与启蒙精神是从神话当中所产生的，在人类打破了以神话为主导的生活原则之后，它所要确立的是主体理性的 "主人精神"，这种 "主人精神" 的表现是通过知识的工具对自然界的驾驭与支配的欲望。由此，这种知识并不仅仅在于对现实事物的本质进行概念的总结，而是要将这种知识作为技术与方法的工具来获得征服与支配自然的意识。科学技术摆在了人们的面前，它要求人获得与神等同的地位，也就是人要表现自由的存在。这种自由性就是人在自然面前的无所不能，在此基础上便强化了人的 "主人精神"。由此我们可以看出，启蒙精神就是以绝对高扬人的主体性为中心的理性精神，它对主体理性的彰显是通过科学在运用形式逻辑这一理论工具时，对自然的操控否定质的差别所形成的数理逻辑，而这一数理逻辑是向一切定量化的方向所发展的。"这种认识直到最近的发展也不曾被忘记，即一切科学就是测量"❶。这一倾向意味着"趋于排除质并把质变成可测量的规定性。合理性本身逐渐地以数学方式和定量化的才能相等同"❷。科学知识并不是自己去展示现实中的规律，而在于人对之进行行之有效的操作与创造。形式逻辑与科学的结合必然导致符号化，作为研究起点的概念也会变得符号化、数字化和形式化，更加失去了与自然界之间的联系。自然界中的一切事物都是按照自身的规律进行变化与发展，科学越发达对于人们的生活的影响就越来越大，科学的发展就是否定质的差别来发现整个世界的规律性存在，规律性的概念或公式越精炼，其内在于异质的丰富性就越减少，规律意味着决定事物的本性存在，只有抓住了现实事物中的规律才能认识自然与支配自然。这样，人类的理性发挥了它的极致性，它在行动当中得到了把握自然的自由性。科学技术与知识经过人类的主体的不断的学习与创造成为了人胁迫自然的工具，人在自然面前变得无比的强大，从而得到了对自然以及他者全面的统治。然而，与此相反的是规律意味着一切都是必然的，必然与自由是一个相互对立的范畴。必然应用于自然界中的物是可以的，而对于属于自然界中的一部分的人而言，就没有任何自由性可言。可见，科学在否定质的差别来发现现实中的规律之时看似获得了行动上支配自然的自由，但却将人类本身的自由拒之于门外。霍克海默与阿多诺对此也表达了担忧："启蒙根本就不顾及自身，它抹除了其自我意识的一切痕迹。这种唯一能够打破神话的思想最后把自己也给摧毁了。"❸启蒙的作用原本让人类获得理性，使人类更加自由，而启蒙并没有达到启蒙的目的，而是走向了它的反面。

在阿多诺看来，自启蒙精神以来的近代哲学，人们在社会之中确立了以理性为主体的现实生活原则，它为人类所把握自然而创立的科学技术打下了坚实的基础，蕴含在哲学家思想之内的对科学方式所推崇的科学情结，构成了那一

❶ THEODOR W. ADORNO. Translated by E.B Ashton .Negative Dialectics[M]. Routledge Press,2006:45.
❷ THEODOR W. ADORNO. Translated by E.B Ashton .Negative Dialectics[M]. Routledge Press,2006:43.
❸ [德] 霍克海默,阿多诺. 启蒙辩证法 [M]. 渠敬东,曹卫东,译. 上海:上海人民出版社,2005:2.

时代的哲学主题，甚至超验性也构成了推动科学发展的手段。科学与主体理性的结合将科学与哲学限定在了对知识结构、思维方式与价值规范的共通性之中。同时，这也为社会资本主义的产生做好了理论准备。资本主义的产生是随着经济的发展而出现的，社会的经济与政治的意义从资本当中所产生。经济在科学不断进步的前提下衍生出了商品交换原则。这种商品的交换原则是在科学理性完全自由的发挥之下所产生的结果，人们只能受控于这样的理性同一性的交换原则之下。不仅如此，依靠科学所生产的机器也在冰冷地注视着人们，人们只能受控于这样无情的可计算性的原则之下。科学抽离质的结果只能使人们趋从于数学方式与定量化的标准。这种在实现科学的过程中对事物的异质性的压榨使得他们越来越远离人本身的自由性。但这种科学理性并不符合理性概念本身的内在性，只有对其进行否定才能从科学理性的桎梏之下解脱出来。

5.1.3　思维产生体系而否定自由

阿多诺对逻辑以及科学都进行了尖锐的批判，但终究是没有动摇资本主义制度的实质，由此他转向了对体系的批判。形式逻辑以及科学都是产生哲学体系的理论工具，逻辑与科学都是由思维所产生，追其体系的根源也是由思维所产生，正是思维产生了体系而达到了一个整体性的自由，而这种自由的实现是在理性范围内所实现的虚幻的自由，而非人本身的真正自由，这主要表现在黑格尔同一性辩证法之中。

从近代的笛卡尔开始，主体的思维被确立为肯定性的地位，他肯定思维作为一切存在的出发点并认为思维的规定性存在于人们的头脑之中。他认为我、上帝以及世界都是从思维当中所推导出来，世间的万物都不会逃脱思维的创造。他甚至认为哲学应该像几何学那样，应该提前确定公理的存在，只有在此基础之上才能推演出哲学的体系。他以思维作为原则或公理一直影响着后世哲学，直到在德国古典哲学中完成了哲学是体系的目标。这一体系是在黑格尔的辩证法当中完成的，他的哲学可以被称为由思想所产生的体系哲学，"并在这一事实中使它成为了静止"❶。黑格尔首先将知识与真理做了一个严格的区分，知识应

---

❶ THEODOR W. ADORNO. Translated by E.B Ashton .Negative Dialectics[M]. Routledge Press,2006:27.

该与科学相对应，科学运用形式逻辑进而产生了科学知识。科学知识所面对的对象是现象界，此时人的思维只能与现象界相对应，也只能是康德意义上的知识。康德哲学就是为了证明科学知识的有效性，他认为知识不能认识物自体问题，知识只能与知识的对象达成静态的同一性。而真理是思维与物自体的一致，它所达到的是思维与物自体的动态的同一性。在此基础之上，黑格尔称哲学为科学之科学。黑格尔的哲学也可以被称为由思维所阐发的追求真理的体系的哲学，他通过运动的总体性表达着体系。"只有真理存在于其中的那种真正的形态才是真理的科学体系。"❶黑格尔认为，只有将"哲学接近于科学的形式"才能够达到哲学"真实的知识"。黑格尔的哲学本身在证明过程中也表现为体系的陈述，通过对两种体系的平衡来完成。"一种是封闭的因而是静态的体系概念；一种是动态的即构成所有哲学体系、从主体中产生出来的纯粹自足性的体系概念。"❷黑格尔运用同一性原则即追求真理性的精神结构将二者进行了平衡。这样，真理成为体系才是哲学所追求的目标，真理的获得也标志着人类达到了自由与解放的目的。

黑格尔哲学之所以被称为体系是由于黑格尔按照正反合的三段论的形式推演出来，这个正题、反题、合题三段式所表现的是对立同一的逻辑形式，他通过辩证法将逻辑学与本体论以及认识论之间达到一个有着完整内在性的结构并遵循着严谨的逻辑原则，辩证法便是对立面的同一，对立同一的逻辑形式意味着从矛盾到同一的过程，从对立到扬弃对立再到同一，也就是一种辩证逻辑的三段式，即从肯定到否定再到否定之否定的过程，由此称为体系哲学。黑格尔的体系哲学的产生仍然是以坚持笛卡尔哲学以来绝对高扬主体性的传统为出发点，只是将这个出发点进行了一个理论的翻转。黑格尔认为思维并不是指来源于主体之内的精神活动或心理机制，它是指存在于客体事物之内的具有内在的运动以及合乎规律的发展的规定性存在，但这种思维并不能证明客观的事物是具有意识的。客观事物的普遍性与共相只有通过思维才可以把握，客观事物不具备思想的规定性的存在也不可被理解。本体论是研究事物的本质而存在的，而这一本质的存在又需要通过思维来把握。"思维是一切主观精神活动中唯一贯

❶ [德]黑格尔.精神现象学(上卷)[M].贺麟,王玖兴,译.北京:商务印书馆,2010:4.
❷ [德]阿多诺.否定辩证法[M].王凤才,译.北京:商务印书馆,2019:29.

穿一切客观的东西。"❶对于主体之内的精神活动及心理机制的研究也不能离开客观事物的本质。就这样，本体论与认识论在黑格尔的辩证互换之中达到了同一，同时也就完成了思维与存在的同一，思维与存在达到同一的过程也是真理的显现过程。由于认识论是关于某种纯思的科学，黑格尔的逻辑学也是由存在开始，这个存在是具有主体规定性与客体规定性于一身的哲学范畴，即可以理解为前面所述的思维。这样，认识论也可以理解为逻辑学。本体论与认识论以及逻辑学在思维的作用之下达到了统一的体系。体系所实现的目标是在思维与存在的抽象同一性的形式之下来完成的，当这种思维与存在达到同一的时候也就获得了真理的内容。"然而，同一性的外表是思想本身、思想的纯形式内在固有的。思维就意味着同一。"❷真理的获得也意味着自由的实现，而这种体系的自由完全是在设定思维完全自由性的前提下来完成的，它所表现的自由性是在排除了感性层面异质的杂多为前提的纯粹的思维自主性，这种自由也是体系的虚幻的自由。进而由它所实现的体系是以否定客观性为代价的。在阿多诺看来，"理性作为一个体系而盛行，最终消除它涉及的一切质的规定，因而和客观性发生不可调和的冲突，它打算靠把握客观性来侵犯客观性。"也就是黑格尔把理性发挥到了极致，当面临矛盾的时候，黑格尔主张积极地面对矛盾、克服矛盾、扬弃矛盾，在矛盾中走向新的同一。这种高屋建瓴的自信是依靠思维所形成的体系，从思维之中形成的逻辑范畴远离了现实真实的历史，无非是从一个概念出发将事物从抽象到具体，从简单到复杂的理论演变，概念本身就带有凝固性与僵死性的特征。因此，由思维所产生的体系实则是否定了自由。阿多诺认为，体系的建构都是在一种假设和虚幻之上所建立起来的，也就是在逻辑范畴中建立起来的体系表现为一种不真实的可能，只有对体系进行批判才能够获得真实的、个体的自由。

5.2 阿多诺"否定的辩证法"的价值追求

阿多诺"否定的辩证法"的价值追求主要体现在他对非同一性意识的追求

❶ 邓晓芒.思辨的张力——黑格尔辩证法新探[M].北京:商务印书馆,2008:550.
❷ THEODOR W. ADORNO. Translated by E.B Ashton .Negative Dialectics[M]. Routledge Press,2006:5.

之上，非同一性意味着对同一性的否定与批判，这就要求辩证法要向具体的对象进行转变，关注的对象转向为非概念性、个别性、特殊性的东西。"辩证法的正义也在这里兴盛起来，它是指派给个人的"❶。它应该关注事物在现实当中的样子，而不是概念性的关系。只有对概念的范畴进行批判才能撇清与同一性之间的关系，非概念性或非同一性就此成为否定的辩证法的价值取向。同一性并不只停留于哲学的理论层面，从其社会的现实发现，同一性已转变为现实之中的意识形态来统治着人们，这种意识形态仍然来源于同一性应用对现实之中的统治原则，即资本主义商品经济的交换原则。对同一性的批判就此演变为对社会意识形态的批判，非同一性的价值追求进一步表现在对意识形态的冲破之上。对意识形态的冲破的目的是阿多诺有向"唯物主义"的倾向的价值追求，对"唯物主义"的倾向并不是传统教科书当中所提到的苏联式粗俗的唯物主义，也不是倾向于一种朴素的实在论。对"唯物主义"的倾向是以取消传统哲学当中在第一性哲学基础之上完成的同一性哲学体系为目的，以此构成否定性的批判理论。这种"唯物主义"是将现实的经验与非同一性给予应有的重视，其目的是将人的自由与解放回归于现实。

5.2.1 辩证法是对非同一性的意识

从目前学界对黑格尔辩证法的称呼来看，有时也会称黑格尔的辩证法为"否定辩证法"，这里的否定是在辩证法当中所执行的辩证法内部的否定性力量。所以，将其称为"否定"辩证法。而阿多诺的辩证法也带有否定性，他不仅使辩证法内部带有否定性的力量，还将自己的辩证法作为对传统同一性辩证法的批判，以便与以往的"否定辩证法"进行区别，他由此将自己的辩证法称为"否定的"辩证法。在阿多诺看来，辩证法的本性应该是对非同一的意识，这是针对以往传统同一性的辩证法而提出来的。传统同一性的辩证法就是指黑格尔的辩证法，在黑格尔辩证法当中，同一性就意味着某种确定性与肯定性，它对人也构成了不可避免的统治与束缚，对现实中的人的自由与解放毫无意义可言。非同一性就是对同一性的否定，"非"带有"否定"的含义。那么，阿多诺站在

---

❶ THEODOR W. ADORNO. Translated by E.B Ashton .Negative Dialectics[M]. Routledge Press,2006:275.

了一种否定的立场上，不再追求于同一性辩证法之中的肯定性与确定性。他所转向的是对差异性、特殊性、他者等具有非同一性特质的追求，这种追求完全合乎现实中的个体人的自由与解放，进而体现了非同一性对现实中个体人的真实与关切。

在阿多诺看来，对非同一性的意识构成了辩证法的始终如一的追求，这就意味着辩证法要向具体的对象进行转变，也就是"首先要考察一个事物在现实中的样子，而不是考察它属于什么范畴"❶。这样，阿多诺也就避免了将非同一性进行某种类别的划分。非同一性从其字面来看带有非同一的普遍性的特征，甚至可将其理解为非同一属于某类存在者所共有的属性，进而将其定义为某种概念的范畴之下，概念的完成意味着对具体经验的抑制，也就是用主体与客体的同一化体系的内在结构将经验对象变成客体。因此，如果非同一性被概念所操纵便又一次陷入了同一性哲学的圈套。而阿多诺所要批判的正是这种概念的范畴关系，他将非同一性或他者作为现实中独立的存在物，撇清他属于什么概念范畴之下，以此来与同一性划清了界限，只有划界之后才可以对同一性进行彻底地否定。同一性的失败之处在于它受理论的框架所束缚，同一性是将异质性或差异性、矛盾性作为一种工具来对待，它在概念的作用之下将这种矛盾弥合在了被称为主体与客体的一致性的过程之中。可见，同一性之中并非没有矛盾以及特殊性的东西，只是这种矛盾性以及特殊性被同一性所利用而已。差异性以及矛盾性如何凸显或者是如何将非同一性从同一性之中揭示出来才是阿多诺所要做的事情。既然差异性与矛盾性存在于同一性之中，同一性本身就是一个矛盾体的存在，同一性用事先设立某种第一性立场的方式，他者与主体之间进行两相对照并最终主体冲到他者的边界之上，使这种矛盾性的真实性予以毁灭。同一性之中所原有的矛盾性就这样被非法地予以消除，即使最终走向了确定性与肯定性也是一种虚幻的表达。只有对这一同一性进行彻底的批判才能将孕育在同一性中的矛盾性与特殊性的本质内容呈现。在阿多诺看来，在同一性之中思维首先作为预先设立的立场而存在，思维在对其对象进行思考的过程当中设定了与自己相对立的他者存在物，当思维意识到了这个他者之时，思维本

---

❶ [德] 阿多诺 . 否定的辩证法 [M]. 张峰，译 . 重庆：重庆出版社（中译本序），1993：10.

身就被否定了。这个否定的过程便可以证明同一性本身并不具有纯粹性的特征，它是一个被非同一性所中介过的并不自足的与并不充分的理论形态。由此，阿多诺便证明了客体与异质性的东西或他者生存在了同一性之中。并且在阿多诺看来，主体与客体之间的非同一来源于经验中的异质性与主体之间的某种张力，主体对客体的吞噬是以牺牲经验中异质性的东西为代价的，主体的不公正体系化导致了这种异质性的东西的强制的同一。要客观公正地面对经验中异质性的质的要素是获得哲学经验的必然通道。这种对非同一性挖掘的过程也体现出了阿多诺对同一性的否定或批判的过程。只有将具体事物或他者作为研究的对象，我们才能回到真实性上来，进而获得真理性的存在。

就辩证法本身而言，它的目的就是要获得哲学当中对人的生存的反思与自觉。同一性的辩证法将人还原为一种抽象的存在，将人的生存性设定为思想、理性、主体等方式，最终又在抽象存在的基础之上来获取人的自由性与解放，从其出发点来看就是一种虚假的事实。而人是一个不断流变生成的过程，只有从现实中的具体性出发，即将出发点设定在具有非同一性的基础之上，才能使人获得真正的自由与解放。

5.2.2 非同一性对意识形态的冲破

当理论应用到了社会之中，社会的矛盾便逐渐地暴露出来，正是由于矛盾的出现，批判的"主题"便由此呈现。作为社会问题而存在的理论与意识形态走到了一起，否定的辩证法作为一种对同一性辩证法的理论批判，也属于社会的一部分内容，它也附属于对社会意识形态的批判。在阿多诺看来，现如今的意识形态将现实社会当中的统治限定在了抽象同一性的原则之上，进而造成了种种的统治形态与弊端，只有将同一性向非同一性意识转变，才能冲破现实的社会意识形态的统治原则。

每一种带有观念性的精神产品或者知识结构在与现实社会的内在连接上都会构成某种意识形态的形成，这些意识形态的内容经过见之于社会之中，一些精神要素在有意与无意间便被发挥与应用，这表现在人类应用于某种特定性的目的，将理论或知识形态作为对现实社会的工具并达到对现实社会辩护的作用。由此，阿多诺便总结出意识形态的两重特征：其一，是将意识形态作为维护现实社会的统治结构；其二，是将意识形态作为一种虚假的意识而存在。但二者之间并不是相互分离的，而是以一定的方式所连接的，虚假的意识是维护统治的外衣，而统治又将作为一种权力维护虚假意识的永恒。从另一方面而言，社会的统治决定了意识形态的真假性。在阿多诺那里，社会统治与意识形态之间是认同与维护的关系，主要表现在统治原则对意识形态的认同。这种意识形态被阿多诺规定为同一性假象的自在存在，他把这种意识形态从被统治中抽离出来，它的虚假性体现在同一性作为一种普遍性的原则中，主体对客体的压抑、精神对他者的强制、同一性对非同一性的侵略，这种压抑、强制或者侵略都是由普遍性的主体性所出发来对个体性的统治。主体在理性的作用下不断地强大，科学技术也随之提高，人类由此所创造出的人造的力量反而对人以及现实的自然世界造成了统治。归根究底，对意识形态的批判不能仅限于对现实社会所产生的意识形态来进行批判，而是要将此意识形态转到统治的理论之上，即加之于进一步考虑哲学的范畴。

意识形态转入哲学的范畴就涉及了同一性与非同一性之间的关系。意识形态在社会之中形成一种统治归因于同一性的抽象原则，对同一性的批判也就构成了对社会的批判。在资本主义的现实社会当中，意识形态作为一种同一性的方式而存在，同一性的方式在其资本主义的社会现实中表现为商品按其抽象的等价物来进行交换。"不同商品质的差异，即它们对特殊的消费者的可用性方面的差异和它们在生产者的创造性贡献方面的差异被忽略了，以便由它们在市场上的可互换值的纯粹量的和抽象的尺度来衡量" ❶。人与人以及人与自然的关系就此变成了物与物的关系。资产阶级当中的这种等价原则的交换与哲学理论层面的抽象的同一性原则达到了一致。资本主义社会所实现的现实的分工是对脑力劳动与体力劳动的分工，这种分工在哲学理论层面的体现便是主体与客体之间的分裂与同一的过程。同一性所实现的集体整体性是一种意识形态，这种意识形态形成了现实整体的压迫力量，进而使个人主体在普遍性原则之下更加虚幻。

对同一性的否定也就是对意识形态的批判，阿多诺以非同一性作为对意识

❶ [美] 马丁·杰.阿多诺 [M]. 瞿铁鹏，张赛美，译.北京：中国社会科学出版社，1992：97.

形态冲破的核心内容，也正是通过对意识形态的批判过程来表现。非同一性意味着向异质性以及经验性的东西所倾向，而这并不意味着设定某种立场，只是它不再倾向于某种抽象或精神性的东西。意识形态本身就是抽象性与精神性事物的代名词，例如法律、道德、文化观念等。就这样，非同一性对同一性的瓦解也彻底打破了意识形态对人类的统治。

5.2.3　对唯物主义的倾向

在前面的章节中我们谈到了关于坚持客体优先性的原则，"正是由于转向客体的优先地位，辩证法才变成了唯物主义的"❶。阿多诺对"唯物主义"的倾向并不是传统教科书当中所提到的苏联式粗俗的唯物主义，也不是倾向于一种朴素的实在论。因为，这种"唯物主义"都是在确立第一性哲学的基础之上来完成的同一性哲学体系。阿多诺所主张重构的这种对"唯物主义"的倾向是一种在新的哲学思考之中所确立的新的哲学的转向，这种新的哲学转向与马克思所开创的实践唯物主义的理论构成有内在的一致性。"这种唯物主义是非同一性的、充满着反思与中介要素的，它与唯心主义和'第一哲学'针锋相对。"❷对"唯物主义"的倾向虽然是对整个唯心主义以及第一性哲学从其理论内部所实施的内在性彻底的否定，但是它仍然保持着这种内在的辩证性的特征。

阿多诺确立客体优先性的原则正是从理论的内部对唯心主义以及第一哲学进行的批判方式。在以往的传统哲学当中具有非同一性的肯定性的客体是作为一个认识的对象而存在的，但最终通过还原论的方法将客体逐渐地精神化，并使其归顺于叫做同一性的哲学之中。客体的肯定性的特征实则在同一性的作用之下总是带着假面具而存在，要还原客体的真实面目、给辩证法一个真实的价值取向就要对同一性的内部进行批判。客体优先性的提出就是从同一性的哲学当中，从主体对客体的吞并之中所抽离出来的，给予客体以优先性的地位是为了使客体摘掉在同一性哲学之中的假面具，以防确立任何第一性的原则。客体优先性的提出意味着向非同一性哲学之中的质的转换，质是具有着客体性、特殊性、经验性、内容性等这些"唯物主义"特点的事物。这些带有唯物主义特

---

❶ THEODOR W. ADORNO. Translated by E.B Ashton .Negative Dialectics[M]. Routledge Press,2006:192.

❷ 赵海峰. 阿多诺的"否定的辩证法"研究 [D]. 哈尔滨：黑龙江大学,2001：107.

点的事物的提出是为了对主体性、普遍性、抽象性、概念性等具有同一性思维的否定与批判，这也构成了阿多诺"否定的辩证法"的核心内容，否定的辩证法也可以被认为具有"唯物主义"的价值取向。

　　阿多诺的否定的辩证法带有新的思维的立场，这种新的思维表现在他将客体"从同一性哲学的尺度中解放出来，非同一性的要素便表现为物质的，或不可分割地和物质事物融合在一起。"❶这就需要将非同一性的要素放到认识的开始，只有非同一性的哲学的要素才不具有第一性哲学还原的成分。阿多诺首先以感觉的例子对认识论做一个"唯物主义"基础的说明，"没有不带有肉体要素的感觉"❷。作为唯心主义哲学中主体的最基本的要素开始，感觉在其认识的过程之中重新解释为意识的存在。这种意识或感觉是需要主体的附作物即肉体的要素而存在的，但它在一种主体第一性的哲学之中被扭曲了，这源于在唯心主义认识论当中早已将肉体的要素的基础抽空了，它只与精神的东西达到了合流。而肉体是感觉的基础是不相分离的事实，认识只能在感觉与肉体的要素，更为抽象地说是在精神与客体的要素相合璧的过程之中所发生，而不能单从某一方面将其作为第一性的原则来阐述。阿多诺将经验中物质的要素摆在面前是为了防止达到某种还原性，主体与客体之间并非谁还原于谁的关系，对物质的非同一性要素的关注既是防止这种关系的再次发生，也是在对感觉主体进行理解的过程中对经验以及非同一性保持应有的重视。对经验及客体的坚持并非维护传统唯物主义当中的客观存在物的凝固性特征的观念，而是在证明感觉中已存在不可分割的物质因素的基础之上，阿多诺所实行的否定性的批判理论的行动，这种行动是实践的表达也是否定的表达。由此也可以这样认为，阿多诺的客体优先性的原则或者对"唯物主义"的倾向性是在吸收马克思的实践辩证法的行动性与否定性的基础之上来完成的，他用客体性与存在物驳斥了意识事实或主体第一性的坚定性，同时也摧毁了任何感觉的存在都不是独立的先验性的存在。"但我们不能挽救身体和心灵的绝对分离。二者在历史上、在合理性和自我原则的进化过程中曾经互相对立；然而，二者又是缺一不可的。"❸阿多诺的否定的

---

❶ THEODOR W. ADORNO. Translated by E.B Ashton .Negative Dialectics[M]. Routledge Press,2006:193.
❷ 同上。
❸ THEODOR W. ADORNO. Translated by E.B Ashton .Negative Dialectics[M]. Routledge Press,2006:196.

辩证法对"唯物主义的倾向性只能是对同科学一致的传统理论区别开来",同时也对意识之外的教条唯物主义中"对世界的笨拙解释区别开来"。这种与精神的区别,将其回到现实性之上的做法为人类实现个体的自由与解放打下了坚实的基础。

5.3　阿多诺的自由之路

阿多诺的自由之路是在反逻辑、反科学、反体系的基础之上来完成的。阿多诺以反对形式逻辑为主要的目的,形式逻辑的主要特征便是抽象与归纳,抽象逻辑思维的推理和论证则成为主要思考工具。概念、判断、推理构成了形式逻辑的一般形式,但这只能构成逻辑学的有限形式,形式的有限性限制了形式逻辑的运用的有限性。因此,这种形式逻辑只能在一定范围内运用,这个范围限定在知性中,并且是在知性中的主观方面,这种抽象性与归纳性拒绝了经验中质的多样性。从逻辑史的发展变化来看,形式逻辑的名称是康德对亚里士多德逻辑的一种称呼,而康德将亚里士多德的逻辑称为形式逻辑的目的是将形式逻辑向先验逻辑改造,形式逻辑从概念来看就可以得知,是一种纯形式的思维逻辑,它实则并没有进入到事物的现象界内容,同时也比较准确地反映了亚里士多德逻辑的实质。而康德的先验逻辑是对事物现象形成的逻辑,黑格尔把形式逻辑变成了对事物自身的逻辑,也就是对事物本身形成的逻辑,以此产生了辩证法。而这里需要注意的是,亚里士多德的形式逻辑仅仅是一种思维法则,这种思维的法则包括诸如同一律、矛盾律、主词与谓词的关系、三段论等在内,思维的法则也可以理解为主观的法则,也就是说它是在思维中的逻辑,而并不是事物自身的逻辑。康德的先验逻辑和黑格尔的辩证逻辑都是在形式逻辑基础之上架构起来的,甚至康德的先验逻辑是对形式逻辑所辩护的产物。"在以后整个哲学史里面也说不上有另外一种逻辑……从亚里士多德以来,逻辑性未曾有过任何进展……这些形式被后人加以引申,因而变得更加形式化。"❶更加形式化的意义在于割裂了内容与形式的勾连。因此,形式逻辑实际上是一种只有形

---

❶ [德]黑格尔.哲学史讲演录(第一卷)[M].贺麟,王太庆,译.北京:商务印书馆,2016:384–385.

式而没有内容的法则。但是在亚里士多德看来，形式逻辑就是人类对客观世界形成的知识工具，人类可以通过这种工具将客观经验世界转化成知识。

辩证逻辑并不是阿多诺要全盘否定的，他主张哲学中的思辨性的特质，只不过他反对黑格尔运用形式逻辑为工具所形成的概念的框架，并通过辩证逻辑让概念辩证地运动起来从而达到同一性哲学的内在要求。科学知识在形式逻辑的基础之上对现存的事物进行归纳与抽象出客观的规律，它仍然按照理性的自由度来实现人对自然的统治，而这一出发点最终给人类带来的却是将一些质化的东西转变成了量化对人的统治，即机械化且数字化地控制了人的自由。逻辑、科学以及体系的根源将人们囚禁在了同一性的精神自由之中，而离现实的个体性的人越来越远。只有通过反逻辑、反科学、反体系的方式才能实现异质化的、个体化的、内容化的现实中的人的自由与解放。

5.3.1 反逻辑——异质化的个性解放之路

从黑格尔之前的西方的哲学发展过程来看，逻辑经历了由形式逻辑到先验逻辑再到辩证逻辑的发展过程。亚里士多德作为形式逻辑的创始人，关于形式逻辑的学说主要体现在《工具论》以及散见于《形而上学》当中的部分内容。在形式逻辑当中，亚里士多德创立了三个基本规律，即矛盾律、排中律、同一律。其中，作为推理学说的 "三段论" 构成亚里士多德的形式逻辑的核心内容，三段论的提出实际上是为了解决柏拉图的理念世界和现象世界如何沟通的问题而提供的方法和理论工具。从三段论的构成来看，它由大前提、小前提和结论三部分构成。"三段论的格式是亚里士多德根据逻辑必然性所概括出来的普遍有效的推理形式结构，符合这些格式，只要前提为真，得出的结论也必然为真。"❶大前提一般是理念中的演绎命题，一般采用的是一种下定义的方法，也就是对经验中具体事物的归纳和总结，因此，所有的定义都可以作为大前提来使用，同时这个大前提也是规定下来的。小前提所指向的是具体的事物，结论得到的就是关于具体事物的知识。所以，三段论是通过推理证明而获得对客观世界的知识，正如亚里士多德所认为的："我们知道，我们无论如何都是通过证

---

❶ 郭建萍. 简论亚里士多德的逻辑真理观 [J]. 理论探索,2006(6)：33-34.

明获得知识的。我所谓的证明是指产生科学知识的三段论。所谓科学知识，是指只要我们把握了它，就能据此知道事物的东西。"❶在亚里士多德看来，获得知识的方法只有通过形式逻辑的推理证明，也就是三段论，并且"用此方法在所有知识各部门中都能获得科学的知识"❷。也就是客观知识的获得是通过形式逻辑证明的结果。如果说修辞学以教授说服和辩论技巧为主，那么形式逻辑所关注的必然是认识和证明的工具，并不类似于智者派追求实用价值的规律，也不似于苏格拉底对一个原则做一般规定所用的下定义，而是全方位对思维活动做检验，对思维活动外化的规律形式做全面检验。因此，亚里士多德的形式逻辑遵循的是一种思维法则。唯有符合正确的思维法则的知识才有资格通过思想活动加以获得，而这样的思想活动只有从有关认识与认识对象之间的一般关系获得呈现，因此，亚里士多德的形式逻辑同其形而上学的本体论密不可分。

形式逻辑只能在一定范围内运用，这个范围限定在知性中，并且是在知性中的主观方面，与主观相对的是客观，客观呈现的是"内容"的东西，所以，形式逻辑对客观的内容无法进行无限地运用。在亚里士多德看来，任何事物都是由形式和质料所构成，并且认为形式和质料都是实体。在对待质料和形式的看法上，他更倾向于作为个别性的东西的形式，因为他觉得形式比普遍性的质料更加具有实体性。这种倾向性在他的形式逻辑中体现的尤为充分。在亚里士多德那，形式逻辑是获得确定性知识的工具，确定性的知识是由实体所构成，实体本身是由质料和形式构成。确定性知识当中的实体是可感觉的实体，它出现在我们的感觉和知性中，我们对于实体的感性和知性的把握需要形式逻辑的帮助，形式逻辑中的第一步要求便是概念，概念的获得是通过主体对经验中鲜活的万物进行的抽象和归纳，再经过判断、三段论的推理等形式逻辑的方式而获得确定性的知识。但在此过程中，实体的形式和质料之间发生了分离，主体只能获得实体的"形式"，而质料被分离在外，"这里的形式是与质料有别的。而且是在质料之外的"❸。因此，在形式逻辑中的知性思维所认识的实体并不是实体的全部，而是只认识到了实体的"形式"，知性认识到的只是有限的实体，

❶ [古希腊] 亚里士多德. 工具论(上)[M]. 余纪元，等译. 北京:中国人民大学出版社,2003:85.
❷ [德] 文德尔班. 哲学史教程(上卷)[M]. 罗达仁，译. 北京:商务印书馆,2015:182.
❸ [德] 黑格尔. 哲学史讲演录(第二卷)[M]. 贺麟,王太庆,译. 北京:商务印书馆,2016:292.

而普遍性的质料并没有被认识到。所以，亚里士多德通过形式逻辑获得的知性确定性知识只是获得了概念的形式，仅有形式的概念是僵死的、凝固的，失去了世间事物的鲜活性，也就是失去了对事物自身的确定性知识的掌握。概念在规定的同时也在否定，规定了概念的形式而否定了知识本身的真理。因为知性的抽象只是人为的规定，其必将远离事物本身的真理内容。在康德看来，人类的认识需要三个阶段，即感性、知性和理性。亚里士多德对形式逻辑的运用只能停留在知性阶段，并且对形式逻辑的运用仅停留在获得实体中的知识形式，并没有获得真正的知识内容。亚里士多德对知识确定性的获得实则是一种思维确定性的获得，这种思维确定性通过形式逻辑作为工具的结果，思维的确定性存在于主观思维之中，不能代替客观事物自身的确定性。因此，形式逻辑是思维中的法则，无法进入事物现象的内容，更不能获得真理。

在之前的论述中，我们会看到形式逻辑在亚里士多德那里被定义为形式，但形式与内容是未相分离的。形式与内容的真正分离体现在唯名论当中，他们将概念与具体事物进行了分离，此时的逻辑便被规定为是形式对内容或外在于内容之上的一种工具的运用，随着近代理性的不断深入，逻辑关系便被理解成对事物本质或规定性的构成方式。康德所实行的先验逻辑是为了克服对逻辑运用的主观随意性以及客观普遍性对人的主观的制约。康德认为形式逻辑只管判断的形式不出错，对于判断的内容却不关心，所以它只是判断真理性的消极条件，而先验逻辑却能指导判断的内容走向或通往真理之路，但康德最终也没有解决主观与客观的逻辑对立。他创造的先验逻辑的对象仅限于应用在现象界范围内，对于事物的规定性或物自体并没有得到真正的认识。同时，他的知性范畴也是在人类现有的知识逻辑的基础之上来发现而并非推理的过程。范畴体系仍然作为一种先天固有的东西存在于人的头脑之中控制人的思维。这种先验逻辑的发生仍然是在形式逻辑的控制之下来完成的，它本身所固有的僵化性与凝固性在康德的先验逻辑当中发挥得淋漓尽致。

"在黑格尔看来，康德与其之前的形式逻辑学家们一样，对自己的先验逻辑仍然停留于'工具论'的理解上"❶。就这样，黑格尔用辩证逻辑对先验逻辑进

---

❶ 邓晓芒. 黑格尔辩证法为形式逻辑的奠基 [J]. 云南大学学报（第九卷），2010(2)：3.

行了批判，阿多诺也站在了黑格尔的批判的立场之上对形式逻辑进行了彻底的攻击。在阿多诺看来，康德虽然看到了传统的形式逻辑的抽象性与僵化性，但仍然陷入更深的形式逻辑之中，甚至为形式逻辑自身的有效性进行了辩护。他首先把逻辑本身当作了一个外在于对象的理论工具，这种理论工具的形成是在采用同一律方式的基础之上，用归纳与抽象的方法排除了异质性的经验内容之后所形成的外在于对象的活动。他在认识活动发生之前首先对这种抽象的工具进行一番考察，而对工具的考察就带有活动的体现，他的先验逻辑并没有对形式逻辑进行批判。黑格尔对形式逻辑的外观并不持以否定的态度，也就是他并不反对概念的形成，只不过以形式逻辑为基础所形成的概念缺少自身运动的原则。由此，他由形式逻辑转变为辩证逻辑，他将差异性及其矛盾性引入到了概念之中，并赋予概念自身辩证运动的动力，形成了形式逻辑之外的对象，即客体与形式逻辑之内的主体性的东西的同一。但阿多诺并不赞成黑格尔的这一举动，他认为黑格尔的辩证同一性正是在形式逻辑的基础之上来完成的，形式逻辑对人的毒化使人在其抽象的过程当中成为一种同质性的存在，这种同质性的存在为人画上了一个凝固而僵化的牢笼，人的自由性也随之被囚禁于这样的牢笼之中。阿多诺并不反对黑格尔的辩证逻辑，辩证逻辑本身最大的特点就是它的思辨性。在阿多诺看来，"即使和唯心主义决裂之后，哲学也不能没有思辨"❶。"辩证的正义的兴起在这里是指派给个人的。"❷他所反对的是将这种逻辑逐渐表达为将人的生存思想化与抽象化在同一性的辩证法之中，这主要是由于将人内在的思维与理性达到了一种理论自觉。黑格尔所实现的是一种绝对的理性自觉，整个西方两千多年的历程就是理性发展的自觉史，尽管对这一理性的呈现表现在不同的理论内涵之上，但也同时确证了人对于同一性智慧的追求，理性的发展史可以称为同一性的思想史。由于这一同一性的发展最终所达到的过于神圣化，使人的自由性只能被囚禁于精神抽象之中，这种同一性对人造成的强制与形式逻辑对人造成的禁锢具有内在的一致性。人只有对无限的知识进行了认识才能获得真正的自由，但人作为有限性的存在对无限性的探索便显得苍白无力，同时这也标志着人的思辨智慧走向了尽头。阿多诺正是看到了这一

❶ THEODOR W. ADORNO. Translated by E.B Ashton .Negative Dialectics[M]. Routledge Press,2006:15.

❷ THEODOR W. ADORNO. Translated by E.B Ashton .Negative Dialectics[M]. Routledge Press,2006:275.

点，他认为只有反对形式逻辑才能实现人的自由与解放。

形式逻辑主要是通过归纳与抽象排除经验之中的异质性的存在来完成概念的统治，阿多诺反对传统同一性哲学从思维开始的思路，是将目光投放到经验的具体事物之中。这种对经验的具体事物的看法来源于本雅明对经验与经历的划分，经历是带有体验意味的感知，是一种被物化了的尘封的记忆，而经验注重异质性的亲身体察。阿多诺以异质性的经验来反对逻辑概念化的抽象，"辩证逻辑中的一个因素就是概念"❶，这一批判的过程就是通过形式的外表即现象，来揭露其内在的统治原则。这一统治原则就是由形式逻辑作为基础生发出来的辩证逻辑，进而演化成为概念的辩证运动抽象所达到的同一性原则。逻辑概念化的抽象变相地将人理性化与抽象化，最终所实现的也是抽象的理性自由，而这样与现实中的人的自由距离越来越远。只有以重新设立新的起点来批判或否定传统的逻辑形式，对于传统的逻辑形式所带来的社会的同质化进行深度思辨性的审查，立足于现实中异质性的经验，并深入到个体性的存在之中，才能实现异质化的个性解放之路。

5.3.2　反科学——个体化的真实自由之路

按照哲学与科学之间的关系来理解，科学以知识作为工具在形式逻辑的基础之上对现实的经验事物进行实操性的科学实验，最后通过归纳与总结的方式发现或抽象出某种规律性的存在。它仍然按照理性的自由度来实现人对自然的统治，而这一出发点最终给人类带来的却是将一些质化的东西转变成了量化的可能，因为科学的基石以数学开始，实验是它的具体操作通道，也就是将经验知识通过科学实验将它进一步地准确化和原理化，得到的结果便是量化的结果，量化意味着世界将受机械化与数字化的控制，作为机械化与数字化的发明者——人类，也反被控制之中。在这个量化的时代，受归纳方法和以经验主义为主导的量化科学思维方式的影响，人毫无自由可言，而造成这一后果的罪魁祸首便是科学理性，只有反对科学理性忽视质的要素，才能实现人类个体性的真实自由之路。

---

❶ THEODOR W. ADORNO. Translated by E.B Ashton .Negative Dialectics[M]. Routledge Press,2006:12.

科学主义中的客观化与科学的量化趋势大致方向是一致的,他们致力于排除质的要素,将质变成量的东西。"这样,它就如此确切地考虑到了已经取得胜利的自然科学的首要性,但它不能存在于理性本身中。理性尤其在下述方面是被蒙蔽的,即它抗拒(按其自身来看)可以被合理地思维的质的要素。"❶也就是说,如果理性没有区分能力,建立在抽象同一基础上的理性综合是不可能实现的。而科学理性就是在这种能力之下把相同的东西与不同的东西区分开来,将相同的东西留下成为量的东西,而不同的东西成为质的东西,科学理性将质的东西裁剪掉,甚至将质的东西避而不谈。在阿多诺看来,科学的客观化与一切科学的量化保持着一致,客观化与量化本是一对相反的范畴,科学虽然从现实的客观物出发,但由于科学的实现过程是以牺牲质为前提,达到某种定量化的规律,进而对质的规定性实行某种可测量化的标准。科学就在数字化与定量化之间实现着它的合理性存在,这种量化成为了科学的核心内容。但理性概念的本质却不是要求达到量化的标准,质的要素在科学理性概念之中被刨除,遮蔽了理性的真实目的。在科学理性对分散的具体事物质的集合的时候,它首先要做的是需要对不同东西的质进行区分,只有在这种区分或区别能力之下,才能够实现思想的综合能力即归纳与抽象出相同的东西,进而达到类的概念的上升。质的东西在科学理性之中应该被赋予重要的地位,但由于受到唯心主义思想的影响,概念的上升忽略了质的要素,科学思维向量的标准所靠拢失去了对质的思考,这种思维本身已是不全面的且与本身不一致的思维。阿多诺认为,"质的区别不仅体现在柏拉图的辩证法中,他的思想学说中,而且也被解释为对不加约束的定量化暴力的矫正措施"❷。质应该作为被定量化的基底来保持着量化中的质。在黑格尔哲学中体现了这一点,在对待质与量的关系上,黑格尔认为二者是一致的,有"质的真理本身就是量"的表述,这样黑格尔就与唯科学主义传统达成了一致。但从黑格尔整个体系哲学出发,他认为量的东西中包含质的东西,并且在量中保持了它的重要性,也就是量最终要回到质。

阿多诺正是通过柏拉图的辩证法来寻找着质与量之间的平衡,他也是在试图将质的东西与量达到平等的重要位置。但在科学之中,科学总是对质有所误

❶ [德] 阿多诺. 否定辩证法 [M]. 王凤才, 译. 北京:商务印书馆, 2019:50.
❷ THEODOR W. ADORNO. Translated by E.B Ashton .Negative Dialectics[M]. Routledge Press, 2006:43.

解并将质当作 "异化于科学的东西而打发掉"。但科学的目标是要达到质的东西，定量化只能作为一种认识的手段来对事物进行本真地认识。而科学虽是从质出发，但最终的结果反倒达到了量上的统一，这种量化的统一成为统治人们的工具，启蒙精神原本想利用科学给人们带来自由与解放，但最终却适得其反使人成为了被统治的对象。阿多诺认为只有将目光投向异质性或特殊性的东西，才能摆脱科学理性的定量化带给人们的统治。这种定量化是抽象的普遍一般的表现，只有转向对事物异质性的关注，才能真正地摆脱抽象的普遍一般，这种对异质性事物的关注就要求主体向个别性的关注。由于科学理性一直追求抽象的量化，这种量化相当于思维框架中对同一性逻辑本质的追求，科学的理性在这一追求的过程当中丧失了对事物的区分与辨别的能力，这种辨别能力是更深层的认知能力而非一般的对事物的分门别类或区分。而主体转向个体性事物的研究就会恢复起这种辨别的能力，它是人类主体所特有的意识功能，这种功能会在概念之中抓住其最细微的东西，以此来反对科学所运用的形式逻辑的工具所追求的量化标准对个体性及其自主意识的修剪。最主要的是被修剪过后的科学理性所达到的量化标准没有给人带来真正的自由，度量性作为质的丈量尺度对个体的人形成了边界的框架，人们只能依从于或者是受制于这种框架。只有对科学理性所寻求的出发点予以反对以及过程之中所利用的思维方式予以改变，才能使人类摆脱量化标准的框架获得个体化的真实自由之路。

5.3.3　反体系——内容化的自由回归之路

阿多诺对逻辑以及科学的反对的目的就是要最终实现对体系的批判，对体系的批判可以说构成了否定的辩证法的核心内容。体系哲学的最终完成与最高表现便是在黑格尔的哲学当中来实现的，他在概念的框架之下所实现的真理呈现为一种体系的状态。这种体系是传统形而上学或本体论意义上的体系，它以理性盛行的姿态所表露出来，并在同一性的温床之中滋生出来。这种将哲学表达为一种体系的结构是为了探寻并获得真理而准备的。当真理掌握在了人的手中，人便成为了世界的真正主人。同时，人也确立了主体的绝对的自由性。但人类在体系之中所形成的自由只能是抽象性的、整体性的、类性的精神自由。在阿多诺看来，这种自由是一种虚幻的自由，人类的真实的自由或内容化的自由仍然被锁入尘封之中。体系给现实的人类带来的枷锁使人失去了本真的存在，只有通过反体系才能够获得人真实的自由性。反体系的过程意味着反对本体论、反对传统形而上学以及反对同一性的表达过程，阿多诺正是通过反体系来实现内容化的个体自由之路。

黑格尔将科学与体系联系起来，他甚至认为科学就是体系。同时，他把哲学也当作对科学之科学即真理来追求，真理作为一个对象的具体来追求是通过自身展开自身的方式并在自身的相互之间保持统一性的全体。这种全体是对体系的最好表达，哲学只有成为了体系才能称为科学，真理只有通过体系才可以实现。对真理的追寻也就是对主体与客体之间的调和，更确切地说是将主体的规定性与客体的规定性达到同一性的做法。这样，阿多诺对体系的反对也就转化成了对同一性哲学体系的反对，这样的同一性哲学的体系带有封闭的、僵化的、压抑的总体性特征。因为，他是通过概念体系来表达的，即将精神作为一种自在的存在或者当作纯粹的生成并以一种动力论来解决主客之间的关系。它首先把一切内容化的规定或质的规定作为对象来把握或侵犯，最后将这种内容化的质服从于同一性的公理之中。体系意味着同一与一致，将一切矛盾与对抗的状况经过思想的力量投射到带有统治性与僵化性的思想坐标中，也就是精神或思想对异质性或内容化的要素的规定。"体系是那种概念的外部面孔，是我们永不可及的那种外表"❶，这种外表是受理性与普遍性所影响的抽象要求，它以主体与客体或形式与内容的辩证法方式获取了概念内的体系化运作，这种对概念的外部轮廓的表达方式总是将内容化或客体化的东西蒸发掉来实现主体的同一性。主体达到了同一在黑格尔那里意味着对真理的获得，真理掌握在了人的手中便拥有了绝对的自由性，但殊不知这种自由性是在精神体系之中所实现的，它在精神体系的框架之下所实现的自由是一种最大的不自由。

阿多诺正是转变到一个新的思维，他在批判与否定之中反对了哲学体系的封闭性、凝固性与压抑性。这种封闭性、凝固性与压抑性将人的自由性囚禁在了精神体系的牢笼之中，阿多诺的真正的目的正是要把自由性从精神体系的牢笼中拯救出来，实现内容化的真实性自由。阿多诺认为一切体系都是一种故弄

---

❶ [美]杰姆逊. 晚期马克思主义 [M]. 李永红,译. 南京:南京大学出版社,2008:29.

玄虚，"直到康德的、甚至黑格尔的（不管后者的纲领如何）结构的烦琐，都是一种先验的不可避免的失败的标志"❶。阿多诺认为，黑格尔的真理是体系的展开与生成，并不是真正的生成，它在每一环节的规定之中都事先设定好了一种规定性的存在。这种措施打破了原有的生成性与真实性，意识在设定的作用之下也会无意识地陷入具体事物之中，之前设定好的措施与预期所达到的目的便不相符合，体系由此便自然地崩溃。我们可以看出，体系在不断地对真理进行探索时，总是更关注于内容的东西，而这种内容的东西在概念的操作过程之中。概念在面对主体与具体内容的两端时，主体总是将客体或者具体的内容忽略或吞并，而未能起到对它重视的效果，内容性的东西便能在概念之中得到沉寂，使其体系的最终结果变成了一个空洞的外壳。阿多诺进一步认为，这种在自身逻辑当中所推演的体系与社会之中资本主义体系牵制一切的做法达到了空前的一致，理性的自由在现实之中却是最大的不自由。体系成为空洞的外壳证明真理的获得是一场虚假性的骗局，每一个哲学家所建立的体系哲学都会在下一个体系当中交替地毁灭，而其获得的自称是绝对的真理也是在离开了内容化的形而上学的形式思想中所得到的。抽象的同一性的思维形式成为体系哲学的目标，人类在同一性中所获得的自由便是虚假的形式自由。只有树立起反体系的大旗，才能将质的、内容化的东西回归于真实的历史当中，进而获得人类真正的自由与解放。

---

❶ THEODOR W. ADORNO. Translated by E.B Ashton .Negative Dialectics[M]. Routledge Press,2006:21-22.

第 6 章

阿多诺"否定的辩证法"
的学术价值与理论局限

阿多诺"否定的辩证法"并不意味着一个时代的结束，也并不意味着一个时代的开启，他在现代与后现代的中间地带发挥着否定的辩证法独特的理论价值与现实意义。阿多诺的散文式的理论像一座冰山一样耸立在知识的风景之中，但只有在透过它的表面才能知道它存在的本质。由于传统辩证法是以同一性作为辩证法研究的核心，而阿多诺"否定的辩证法"是对传统辩证法的批判，个体性、差异性及其特殊性等非同一性成为辩证法研究的意识，阿多诺开启了辩证法研究的新走向。除此之外，阿多诺"否定的辩证法"是对马克思的实践的辩证法的批判与否定精神的彻底贯彻，他沿着马克思的实践辩证法对现实社会批判路径，进一步对资本主义制度的批判深化为对文化及其意识形态的批判，这种批判与否定是为了推进社会的发展达到某种创造性的目的。但是，基于马克思主义哲学的视阈来重新审视阿多诺"否定的辩证法"，我们便可以看出阿多诺"否定的辩证法"存在着一些理论的局限性，如他所主张的"否定"是彻底的否定，不包含任何肯定的否定，导致了阿多诺向极端主义倾向，阿多诺"否定的辩证法"建立在"解构"的基础之上，走向虚无是它的必然理论归宿。

6.1 阿多诺"否定的辩证法"的学术价值

透过阿多诺"否定的辩证法"的理论表层，我们得知阿多诺"否定的辩证法"是对传统辩证法的批判，传统的辩证法在设立第一性的基础之上达到某种确定性与固定性的同一，就这样，我们可以视为传统的辩证法是以建构型为目的的辩证法。而阿多诺"否定的辩证法"以非同一性作为辩证法的核心，由于他对传统辩证法的彻底的否定使他的辩证法形成了以解构形式出现的辩证法，这在理论意义上改变了辩证法研究的新走向。

阿多诺"否定的辩证法"的解构性思想所开启的辩证法研究的新走向是以确立异质性、个体性、特殊性、差异性等非同一性的问题作为新近哲学研究的首要目的，由此预示着作为对传统辩证法中对同一性理念追求的抗拒。他迎合了一些非理性主义学派对传统哲学中以概念的方式达到某种虚妄的高级知识与真理的批判，并对图谋放弃概念以外的现实世界的演绎予以敌视。他所提倡的是将异质性的经验融入新近的哲学或辩证法之中，"阿多诺声称，在今天，'存在的片断化'使任何一种试图以概念方式来掌握总体存在的想法都化成了泡影，同时也使那种寻求关于世界之系统知识的统一科学成为不可能"❶。他对异质性的个体事物的青睐作为否定的辩证法对传统辩证法的解构原则，永恒的、固定不变的东西是不存在的，而异质性的东西是变化着的，有变化才会有历史的生成，只有在变化之中才会有存在的意义。在此种意义上，阿多诺"否定的辩证法"是对传统辩证法的积极的革新，他将辩证法之中的同一性、整体性等观念予以剔除，这无疑对传统辩证法的核心内容进行了撕裂，否定的辩证法的这种解构性的倾向成为对传统辩证法的革命性变革，这种变革的意义在于阿多诺开启了以解构形式的辩证法，引领了辩证法研究的新走向。进入后现代的一些思想家遵循着阿多诺解构性的原则，将差异性、个体性、流动性等非同一性辩证法的元素融入其中，例如德勒兹以差异性的视角以及片段性与个体性的创意逻辑从柏拉图的唯心本体辩证法入手来恢复被压抑的元素，以差异拒斥辩证法当中以理性为基础的总体性与同一性的思想逻辑；德里达在解构西方传统形而上学的过程中，以反对矛盾二分法的二元对立开始，以"印迹"关系的延异规律拒斥了传统哲学辩证法，将事物确立为含混、多元、复杂的、不确定的谱系，还有福柯及利奥塔等人都是从差异性及多元性来反对辩证法的。

　　他的否定的辩证法涉及音乐、哲学、社会、文化等多个领域，是向这些领域发展的理论之源，阿多诺"处在了代表那个时代的许多最有创造性思想潮流的强烈的非总体化力量的动力型立场中的关节点上。"❷他的批判与否定是为了推进社会的发展并达到某种创造性的目的，无论一个国家还是一个社会甚至是个人，只有对自身不断反思与否定才能推进它的发展。尤其将这种否定性与批判性的精神内化与人的内心世界之中，有助于人类思维水平的提高及其激起人类的思维创造精神。

---

❶ [美] 道格拉斯·凯尔纳斯蒂文·贝斯特. 后现代理论 [M]. 张志斌，译. 北京：中央编译出版社，1999：292-293.

❷ [美] 马丁·杰. 阿多诺 [M]. 瞿铁鹏，张赛美，译. 北京：中国社会科学出版社，1992：254.

6.2 阿多诺"否定的辩证法"的理论局限

阿多诺"否定的辩证法"的理论局限性在于，他虽然站在了反对形而上学的立场之上对黑格尔的同一性的辩证法进行了彻底地批判，尤其对黑格尔的"否定之否定"的环节给予拒斥。阿多诺主张彻底的否定，不包含任何肯定的否定，这一彻底的否定贯穿了阿多诺哲学的始终，无不为阿多诺的否定的辩证法增添了极端主义的色彩。这种极端性具体表现在他对非同一性意识的追求，对个体性的崇拜之上。由于阿多诺"否定的辩证法"是在"解构"的基础之上来建立的，一切社会理想和社会价值都是建立在理性基础之上的，而阿多诺反对理性，主张回到个体的真实性，不承认在理性基础之上确立的社会统一性的价值标准和尺度。阿多诺站在反对理性的角度，他的否定的辩证法必然走向了一种虚无主义的态度和立场。当阿多诺将同一性作为整个资本主义社会运转机制的基础，其目的是对资本主义文化及其意识形态进行彻底地否定的同时，他所使用的批判是在脱离实践的空洞的理论批判，这种对否定原则的抽象化的过程脱离了非同一性的具体内容的要求，这与他自己的理论相悖。

首先，阿多诺"否定的辩证法"对极端主义的倾向。阿多诺"否定的辩证法"的哲学观念是针对同一性哲学思考的批判，尤其是对黑格尔同一性辩证法的批判，黑格尔在辩证法的作用之下在扬弃了旧的形而上学的同一性基础之上又建立了新的形而上学体系。阿多诺的否定的辩证法站在反对这种形而上学立场之上的追求非同一的特殊事物的独创性举动无疑是对传统哲学的另一种范式转换。阿多诺反对黑格尔辩证法当中的"肯定、否定、否定之否定"的各个环节，这种环节的最后可能所达到的是对某种确定与肯定的追求，即达到对同一性哲学的追求。同一性构成了概念的形成，概念成为了阿多诺进行重构的目标，"阿多诺对同一性思考的批判以及他的真实概念最终被放逐到了概念的彼岸"❶，概念的彼岸即对非同一的特殊事物的追求。阿多诺正是从与同一性相反的另一极出发即非同一，它与同一性是完全对立的即完全否定同一性。因而，辩证运动不再遵循"肯定—否定—否定之否定"的环节，而是变成"否定—否定—再

---

❶ [德] 阿尔布莱希特·维尔默. 论现代和后现代的辩证法 [M]. 周宪,许钧,主编. 北京:商务印书馆,2003:
179.

否定"。由此，我们可以看出阿多诺"否定的辩证法"当中对于非同一性哲学中的否定的力量是贯彻始终的，他的这种绝对的否定、彻底的否定、不包含任何肯定的否定具有极端主义的倾向。然而，将辩证法泛化于客观事物之中或自然之中，只偏重于一方或不注重历史的过程就会使辩证法变得神秘起来，这样的辩证法逐渐地被排除在社会或历史之外并对它们形成控制的力量。这种控制力量就会形成一种偏见，"偏见是我们时代的一个问题，每个人在其生活的时代中都会产生，但对此并没有回答。在某种意义上，他们都会认为自己是这个社会的科学家"❶。辩证法只能是既包含同一性又包含非同一性的新的范畴，任何事物在辩证法面前都不是永恒存在的，它并不只片面地表现同一性的观念即确定性、永恒性与不变性，同时也不仅表现于非同一的变化性、流动性与特殊性之中，辩证法只存在于二者相互作用的结果。没有同一性因素在其中便不会有事物的固定的存在，没有非同一性因素的推动作用便不会有事物由量变到质变的过渡，只有同一性与非同一性的因素共同存在于辩证法之中才能推动事物的不断向前发展的动力。阿多诺的"否定的辩证法"虽然对黑格尔的同一性的辩证法进行的批判的目的是反对走向某种绝对主义，但他却没有想到自己的辩证法在无意之中也步入了另一种极端的倾向。"由于没有能力把进步的解放趋势置于历史现实之中，批判理论家们被迫到审美领域去查找否定力量的替代性源泉"❷，阿多诺也如此。

其次，阿多诺"否定的辩证法"由解构走向了虚无。阿多诺"否定的辩证法"以解构为前提，他以解构的视角对传统辩证法及其理论现实进行着批判，理性是同一性的根据，一切社会理想和社会价值都是建立在理性基础之上。阿多诺反对理性，主张回到个体的真实性，不承认在理性基础之上确立的社会统一性的价值标准和尺度，同时，他反对历史的逻辑的必然发展，反对在理性基础之上所建立的一切体系哲学及科学，由历史的逻辑向未来的必然导向便失去了可能性。从解构意义上来说，阿多诺"否定的辩证法"对理性的反对、对历史逻辑的拒斥、对科学及其体系的拒绝，使虚无主义必然成为他的理论归宿。

---

❶ MAX HORKHEIMER, SAMUEL H.FLOWERMAN. The Authoritarian Personality[M]. The american jewish committee social studies series: Publication NO.III,5.

❷ [美] 理查德・沃林 . 文化批评的观念 [M]. 张国清，译 . 北京：商务印书馆，2000：113.

阿多诺"否定的辩证法"始终是以破坏性为目的,他将否定作为肢解传统辩证法中理性同一性的源泉。传统辩证法的核心是理性的同一性原则,同一性在理性的根据之下,从社会历史发展的规定中形成,它是人类逻辑思维发展的必然,人类通过对理性的推崇与追求,在理性同一性原则的作用之下来实现人类对于社会理想与社会价值的"终极"目标的追求。阿多诺"否定的辩证法"从对概念的批判入手,致使概念成为总体性概念的根本原因在于传统辩证法当中将理性推至极致的做法。由此,阿多诺对总体概念进行了批判,他遵循了非理性主义对理性主义所进行的批判,并用否定的辩证法当中的非同一性作为对同一性的反对,非同一性意味向概念自身之外转变,它的表现形式是将传统辩证法中同一性所形成的整体性与总体性转向为对个体性、特殊性以及个别性的辩证思维,并将辩证法作为对理性的批判的中介而不是将其仅作为方法论来对待。在阿多诺看来,辩证法当中的矛盾问题是永久对立的存在,传统辩证法之中理性的同一性是对辩证法的误解。同时,阿多诺将传统同一性辩证法当中建立在理性基础之上的对社会价值与社会理想的主张也随之烟消云散。失去理性根基的辩证法会使人生或整个人类的存在变得没有意义和价值,个体生命与时代的精神缺乏了一个安身立命之处。除此之外,阿多诺"否定的辩证法"对任何实践形式都予以反对,没有任何立场的非同一性哲学的辩证法对历史深处的探索成为阿多诺"否定的辩证法"不可能实现的缺口,这就决定了阿多诺不承认历史的逻辑的发展,阿多诺的"否定的辩证法"也不会从这样的逻辑之中解放出来,阿多诺的解构只能走向虚无。

最后,阿多诺"否定的辩证法"作为批判理论具有抽象性。阿多诺"否定的辩证法"的理论局限性还体现在其批判理论的抽象性上,这是整个法兰克福学派所共有的特点。批判理论从霍克海默开始便被提出,它与传统理论对立的方式首先对现存状况维护的实证主义进行了批判,阿多诺作为法兰克福学派当中的第一代领导者无疑对这种盲目崇拜事实经验的实证性进行了无情地揭露。阿多诺认为这种过渡的尊重事实的经验抹去了对人道主义追求的目的,从而造成了对社会现状的维护。批判理论除了对实证主义进行批判之外,法兰克福学派的另一个目的是恢复马克思主义哲学中的批判与否定的功能,但这种恢复方式仍然是以抽象的形式对马克思主义"科学性"的澄清。这种批判理论无不为之后的法兰克福学派的理论奠定了基础性的纲领，否定的辩证法当中的社会批判理论成分是法兰克福学派批判理论的成熟的体现，批判理论的局限性也在否定的辩证法之中暴露无余。"在阿多诺这里，被称为形而上学或同一性的东西只是一个日益强横的社会系统的效果……在此，任何把主观谬误视为一种客观力量自身的代理人的企图都注定要陷入唯心主义。"❶在阿多诺看来，同一性的逻辑构成了现实资本主义社会运转的机制，他所采取的措施便是对资本主义文化及其意识形态进行彻底地批判，这种批判的产生是在音乐艺术层面所阐发的灵感，他通过勋伯格的无调性音乐拒绝与社会的统一阐发了其在哲学理论层面上的批判。由此，阿多诺站在了文化的视角进行了批判，这种批判只是针对文化批判而进行，他没有真正地考虑到或上升到现实社会的政治层面，他对谈论政治并不感兴趣，即使对资本主义的同一性逻辑有所批判也是带有怀旧浪漫色彩的反资本主义的倾向。他对政治的远离进一步导致了他对理论与实践的分离，即他将理论与实践的关系采取了非同一性的表达。虽然他用星丛理论的模式努力的表达理论与实践的关系，但他仍然是在用哲学概念的方式对现实进行具体地分析，只是用简单的破坏性与抽象的否定割断了历史的连续性的特征，这样，他的理论仍然失去了现实革命性的特征，进而造成了阿多诺"否定的辩证法"的批判性只能成为理论的批判，而非实践的批判。由此，否定的辩证法当中的否定的原则也只能成为脱离实践的空洞的抽象。这种对否定原则的抽象化的过程脱离了非同一性中对具体内容的要求，与他自己的理论相悖。阿多诺将同一性的原则与社会历史现实进行连接的做法并没有错，只是在二者的中间地带缺乏批判的中介，这种中介的缺失导致了批判理论的抽象性局限。马克思的哲学理论的批判性正是在这个中间地带找到了中介，他用实践保证了对传统哲学以及对社会现实的批判，也可以理解为革命性的变革。他将无产阶级作为革命的力量，在批判过程中将实践注入其中，以改造世界作为哲学的途径，使辩证法的批判性不再有空洞的抽象性。

---

❶ [美] 詹明信. 晚期资本主义的文化逻辑 [M]. 陈清桥，等译. 北京：生活·读书·新知三联书店，2013：221.

6.3 阿多诺“否定的辩证法”在当代的启示

　　阿多诺对传统同一性辩证法的批判是为了唤醒主体性及个性，表现其时代精神及其时代的价值，还原辩证法的本质与意义。即使同一性的辩证法在理性的抽象层面实现了虚幻的人类整体的自由与解放，那也不是辩证法的本真面目。当同一性的哲学作为现实社会统治的逻辑时，否定的辩证法中异质性、个体性的要素也要通过对现实社会同一性的统治逻辑的批判而达到某种内在的要求。那就是在终极关怀之中，在崇高的理想追求之下，阿多诺“否定的辩证法”将人性回归于现实流变的生存之中，以人的现实生存为基础始终将个体的自由与解放作为永恒的活跃的主题，只有在这样一个主题之中，辩证法才带有不断向前发展的潜力与趋势。

　　辩证法的向前发展始终秉承着否定、批判的特征，而这种否定与批判似乎来得更猛烈，它进一步以颠覆和超越为内质更为恰当，这种颠覆与超越性体现在对理性的确定性根基所显露出的破绽而进行的撼动。按照阿多诺“否定的辩证法”的逻辑倾向，当代的辩证法在继承了批判与否定的传统之下更注重于向多样化或经验性的内容靠拢，这是一种由思辨的辩证方式向经验的辩证方式的转变，这种对多元化异质性的追求更接近于现实的生活世界。辩证法在苏格拉底那里以对话的方式出现本身就是生活实践的反映，只有通过对话与追问才能激发人们对生活的深入思考，向人生的至善理想方向而追求。只不过辩证法在其发展过程中，受到传统形而上学同一性的制约，使辩证法远离了现实生活的世界。阿多诺“否定的辩证法”正是以非同一性开启了将辩证法从概念的辩证体系中解救出来的夙愿，在经过了后现代辩证法当中的拆解与解构的过程之后，以哲学为基础的科学与文化的地位也随之受到了极大地颠覆。辩证法之中二元对立或矛盾被消除，形而上学中的二元对立是构成统治的根源，只有消除二元对立才能消除统治，使辩证法回归于现实生活世界之中。传统辩证法在形而上学的作用下所关注的是带有抽象性特征的思维活动本身及原则，它将人的现实生活的内容抛出辩证法之外，在当代，辩证法的发展趋势明显继承了阿多诺“否定的辩证法”的核心与要义，即以反对同一性及体系为主线，关注事物的特殊性与个别性。正如哈贝马斯认为，“辩证法已经隐藏在了现代意识结构的解放过程当中：理性本身分解为多元的价值领域，从而毁灭其自身的普遍性"。只有在延续辩证法的否定与批判的精神才能将予以抵抗，并通过对正义规则、伦理规则等方面的追求让他们在反思之中，在辩证法的否定与批判的精神之中来消解阻碍人的现实生存与发展的异化力量，只有这样才能为人的自我超越及未来的发展提供有利的空间。

由此，阿多诺"否定的辩证法"对传统辩证法的批判是对人类无限理性的否定与批判，这种绝对无限理性所带来的僵死性与凝固性在现代哲学革命中予以排除得到了当代辩证法的认同，同时也对其进行了超越，即将对绝对无限理性的追求过渡到了向有限理性的追求。辩证法在当代的发展更接近于现实的生活世界，它更贴近于人的现实生存，并在当代辩证法当中辩证法否定与批判的本性也得到了充分的彰显，它是以一种更趋向于开放性、多元共生性、对话性的方式来表达当下的辩证法，这种操作方式无疑不是马克思的实践辩证法的现实化的践行。随着当代辩证法的发展，作为辩证法的本质精神即对自由的追求，它既没有顶点也没有终点，这将成为一个永恒的伦理学问题。

参考文献

▲英文著作类

[1] THEODOR W. ADORNO. Translated by E.B Ashton .Negative Dialektics[M] . Routledge Press, 2006:1–416.

[2] MAX HORKHEIMER, THEODOR W. ADORNO. Translated by Edmund Jephcott. Dialectic of Enlightenment[M] .Stanford University Press, 2002:1–153.

[3] DETLEV CLAUSSEN. Theodor W. Adorno—one last genius[M] .New York Unversity Press, 1990:1–440.

[4] MAX HORKHEIMER, SAMUEL H.FLOWERMAN. The Authoritarian Personality[M]. The american jewish committee social studies series: Publication NO.III,1993:1–970.

[5] GEORGE CAVALLETTO. Crossing the Psycho—Social Divide Freud, Weber, Adorno and Elias[M] . Ashgate publishing company, 2007:1–284.

▲英文期刊类

[1] ALAN NORRIE. BHASKAR. Adorno and the Dialectics of Modern Freedom[J]. Journal of Critical Realism, 2004, 3 (1):23–48.

[2] RODOLPHE GASCHÉ . The Theory of Natural Beauty and Its Evil Star: Kant, Hegel, Adorno[J]. Research in Phenomenology, 2002, 32 (1):103–122.

[3] NICHOLAS JOLL .Adorno's Negative Dialectic: Theme, Point, and Methodological Status[J].International Journal of Philosophical Studies, 2009, 17 (2)58–64.

[4] NICK SMITH. Adorno vs Levinas: Evaluating points of contention[J]. Continental Philosophy Review, 2007, 40 (3):275–306.

[5] ROGER FOSTER. Adorno and Heidegger on language and the inexpressible[J].

Continental Philosophy Review, 2007, 40 (2):187–204.

[6] HOWARD ENGELSKIRCHEN. Powers and Particulars: Adorno and Scientific Realism[J]. Journal of Critical Realism, 2004, 3 (1):1–21.

[7] DANA SAWCHUK. Horkheimer and Adorno on social change: Problems and potential in light of "history from below"[J]. Critical Sociology, 2005, 31 (4):537–557.

[8] MARTIN SEEL. Adorno's Contemplative Ethics[J]. Critical Horizons, 2004, 5 (1):259–269.

[9] BIRGIT R. ERDLE. Thinking in Times of Danger: Adorno on Stupidity[J]. The Germanic Review: Literature, Culture, Theory, 2013, 88 (3):260–270.

[10] PETER ZAZZALI. The Role of Theatre in Society: A Comparative Analysis of the Socio—Cultural Theories of Brecht, Benjamin, and Adorno[J]. The European Legacy, 2013, 18 (6):685–697.

[11] GRANT HAVERS. Kierkegaard, Adorno, and the Socratic Individual[J]. The European Legacy, 2013, 18 (7):833–849.

[12] JOHN GRANT. The End of Critique? Ideology as Replication in Adorno and Jameson[J]. Culture, Theory and Critique, 2014, 55 (1):1–16.

[13] KATHERINE E. YOUNG. Adorno, Gastronomic Authenticity, and the Politics of Eating Well[J]. New Political Science, 2014, 36 (3):387–405.

▲中文著作类

[1] 阿多诺. 否定辩证法 [M]. 王凤才,译. 北京:商务印书馆,2019.

[2] 阿多诺. 否定的辩证法 [M]. 张峰,译. 重庆:重庆出版社,1993.

[3] 阿多诺,霍克海默. 启蒙辩证法 [M]. 渠敬东,曹卫东,译. 上海:上海人民出版社,2006.

[4] 上海社会科学院研究所外国哲学研究室. 法兰克福学派论著选辑(上卷)[M]. 北京:商务印书馆,1998.

[5] 阿尔诺. 黑格尔三论 [M]. 谢永康,译. 上海:上海人民出版社,2020.

[6] 阿尔布莱希特·维尔默. 论现代和后现代的辩证法 [M]. 周宪,许钧,主编. 北京:商务印书馆,2003.

[7] 费希特. 全部知识学的基础 [M]. 王玖兴, 译. 北京: 商务印书馆, 2011.

[8] 格尔哈特·施威蓬豪依塞尔. 阿多诺 [M]. 鲁路, 译. 北京: 中国人民大学出版社, 2008.

[9] 贡尼, 林古特. 霍克海默 [M]. 任立, 译. 北京: 中国社会科学出版社, 1992.

[10] 哈贝马斯. 现代性的哲学话语 [M]. 曹卫东, 译. 南京: 译林出版社, 2008.

[11] 海德格尔. 存在与时间 [M]. 陈嘉映, 王庆节, 译. 北京: 生活·读书·新知三联书店, 2010.

[12] 海德格尔. 形而上学导论 [M]. 熊伟, 王庆节, 译. 北京: 商务印书馆, 2017.

[13] 黑格尔. 哲学史讲演录(第二卷)[M]. 贺麟, 王太庆, 译. 北京: 商务印书馆, 2016.

[14] 黑格尔. 精神现象学(上下卷)[M]. 贺麟, 王玖兴, 译. 北京: 商务印书馆, 2010.

[15] 黑格尔. 逻辑学(上下卷)[M]. 杨一之, 译. 北京: 商务印书馆, 2011.

[16] 黑格尔. 小逻辑 [M]. 贺麟, 译. 北京: 商务印书馆, 2009.

[17] 黑格尔. 哲学史讲演录(第1~4卷)[M]. 贺麟, 王太庆, 译. 北京: 商务印书馆, 1997.

[18] 胡塞尔. 欧洲科学危机与超验现象学 [M]. 张庆熊, 译. 上海: 上海译文出版社, 2005.

[19] 霍克海默. 批判理论 [M]. 李小兵, 等译. 重庆: 重庆出版社, 1990.

[20] 李秋零. 康德著作全集(第3卷): 纯粹理性批判(第2版)[M]. 北京: 中国人民大学出版社, 2004.

[21] 康德. 实践理性批判 [M]. 邓晓芒, 译. 北京: 商务印书馆, 2000.

[22] 康德. 未来形而上学导论 [M]. 李秋零, 译. 北京: 商务印书馆, 2013.

[23] 马克思·韦伯. 新教伦理与资本主义精神 [M]. 李修建, 张云江, 译. 北京: 中国社会出版社, 2009.

[24] 谢林. 先验唯心论体系 [M]. 梁志学, 石泉, 译. 北京: 商务印书馆, 2010.

[25] 费尔巴哈. 费尔巴哈哲学著作选集(上卷)[M]. 荣震华, 李金山, 等译. 北京: 商务印书馆, 1984.

[26] 亚里士多德. 形而上学 [M]. 苗力田, 译. 北京: 中国人民大学出版社, 2003.

[27] 柏拉图. 理想国 [M]. 郭斌和, 张竹明, 译. 北京: 商务印书馆, 2012.

[28] 本·阿格尔. 西方马克思主义概论 [M]. 慎之, 等译. 北京: 中国人民大学出版

社,1991.

[29] D.J.奥康诺.批评的西方哲学史 [M].洪汉鼎,等译.北京:东方出版社,2005.

[30] 道格拉斯·凯尔纳,斯蒂文·贝斯特.后现代理论——批判性的质疑 [M].张志斌,译.北京:中央编译出版社,2011.

[31] 杰姆逊.后现代主义与文化理论 [M].唐小兵,译.北京:北京大学出版社,2005.

[32] 理查德·沃林.文化批评的观念 [M].张国清,译.北京:商务印书馆,2000.

[33] 罗伯特·皮平.作为哲学问题的现代主义 [M].周宪,许钧,编.北京:商务印书馆,2007.

[34] 马丁·杰.阿多诺 [M].瞿铁鹏,张赛美,译.北京:中国社会科学出版社,1992.

[35] 马丁·杰.法兰克福学派史 [M].单世联,译.广州:广东人民出版社,1996.

[36] 马尔库塞.理性与革命 [M].程志民,等译.上海:上海人民出版社,2007.

[37] 所罗门.大问题:简明哲学导论 [M].张卜天,译.桂林:广西师范大学出版社,2004.

[38] 梯利.西方哲学史 [M].葛力,译.北京:商务印书馆,2013.

[39] 詹明信.晚期资本主义的文化逻辑 [M].陈清桥,严峰,等译.北京:三联书店,2013.

[40] 詹姆斯·施密特.启蒙运动与现代性 [M].徐向东,译.上海:上海人民出版社,2005.

[41] 詹姆逊.快感文化与政治 [M].王逢振,等译.北京:中国社会科学出版社,1998.

[42] 细见和之.非同一性哲学 [M].谢海静,李浩原,译.石家庄:河北教育出版社出版社,2001.

[43] 卢卡奇.历史与阶级意识 [M].杜智章,等译.北京:商务印书馆,2009.

[44] 安东尼·肯尼.牛津西方哲学史 [M].韩东晖,译.北京:中国人民大学出版社,2006.

[45] 佩里·安德森.当代西方马克思主义 [M].高铦,等译.北京:东方出版社,1989.

[46] 刘放桐.现代西方哲学(上下册)[M].北京:人民出版社,2014:2000.

[47] 贺麟.黑格尔哲学讲演集 [M].上海:上海人民出版社,2011.

[48] 陈燕.个人与社会的辩证法:阿多诺社会理论研究 [M].北京:中国社会科学

出版社,2014.

[49] 陈胜云.否定的现代性:理解阿多诺 [M].兰州:甘肃人民出版社,2005.

[50] 邓晓芒.德国古典哲学讲演录 [M].长沙:湖南教育出版社,2010.

[51] 邓晓芒.思辨的张力 [M].长沙:湖南教育出版社,1998.

[52] 赵林.西方哲学史讲演录 [M].北京:高等教育出版社,2009.

[53] 张汝伦.现代西方哲学十五讲 [M].北京:中信出版社,2020.

[54] 刘放桐.现代西方哲学(上下册)[M].北京:人民出版社,2000.

[55] 段方乐.总体性的终结——从卢卡奇到阿多诺 [M].北京:中国社会科学出版
社,2009.

[56] 贺来.辩证法的生存论基础——马克思辩证法的当代阐释 [M].北京:中国人
民大学出版社,2004.

[57] 江天骥.法兰克福学派——批判的社会理论 [M].上海:上海人民出版社,1981.

[58] 陆杰荣,等.形而上学研究的几个问题 [M].北京:中国社会科学出版社,2012.

[59] 倪梁康.自识与反思 [M].北京:商务印书馆,2002.

[60] 欧立同,等.法兰克福学派研究 [M].重庆:重庆出版社,1990.

[61] 孙利天.论辩证法的思维方式 [M].长春:吉林人民出版社,2006.

[62] 孙正聿.理论思维的前提批判:论辩证法的批判本性 [M].沈阳:辽宁人民出
版社,1992.

[63] 孙周兴.后哲学的哲学问题 [M].北京:商务印书馆,2009.

[64] 王国坛.感性的超越 [M].沈阳:辽宁大学出版社,2005.

[65] 王南湜,谢永康.后主体性哲学的视域 [M].北京:中国人民大学出版社,2004.

[66] 王树人.思辨哲学新探 [M].北京:人民出版社,1998.

[67] 王岳川.后现代主义文化研究 [M].北京:北京大学出版社,1992.

[68] 谢永康.形而上学的批判与拯救 [M].南京:江苏人民出版社,2008.

[69] 杨祖陶.德国古典哲学逻辑进程 [M].武汉:武汉大学出版社,2003.

[70] 衣俊卿.回归生活世界的文化哲学 [M].哈尔滨:黑龙江人民出版社,2000.

[71] 衣俊卿.新马克思主义评论 [M].北京:中央编译出版社,2012.

[72] 张康之.总体性与乌托邦 [M].北京:中国人民大学出版社,1998.

[73] 张亮."崩溃的逻辑"的历史建构 [M].北京:中央编译出版社,2003.

[74] 张世英. 哲学导论 [M]. 北京：北京大学出版社，2002.

[75] 张一兵，胡大平. 西方马克思主义哲学的历史逻辑 [M]. 南京：南京大学出版社，2002.

[76] 张一兵. 马克思历史辩证法的主体向度 [M]. 武汉：武汉大学出版社，2010.

[77] 张一兵. 无调式的辩证想象 [M]. 北京：生活·读书·新知三联书店，2001.

[78] 张一兵. 折断的理性翅膀 [M]. 南京：南京出版社，1990.

[79] 赵海峰. 阿多诺"否定的辩证法"研究 [M]. 哈尔滨：黑龙江人民出版社，2003.

[80] 赵民，岳海云. 马克思与法兰克福学派的资本主义批判比较研究 [M]. 兰州：甘肃人民出版社，2012.

[81] 郑一明."西方马克思主义"的文化哲学思想研究 [M]. 重庆：重庆出版社，1998.

[82] 周国平. 尼采与形而上学 [M]. 南京：译林出版社，2012.

[83] 周立斌. 卢卡奇的物化理论及其演变 [M]. 北京：中国社会科学出版社，2012.

[84] 朱振林. 论辩证法的实践基础及其当代走向 [M]. 哈尔滨：黑龙江大学出版社，2008.

▲ 中文期刊类

[1] 陈胜云. 阿多诺与总体性 [J]. 江苏社会科学，1999(5):109–112.

[2] 邓晓芒. 西方哲学史中的理性主义和非理性主义 [J]. 现代哲学，2011(3):46–48，54.

[3] 丁立群. 否定的辩证法：在自然与历史的关联中 [J]. 学习与探索，1996(2):51–57.

[4] 方向红. 理性自身的启蒙——阿多诺"祛魅"观重构 [J]. 江苏社会科学，2000(4):45–50.

[5] 郭忠义，贺长余. 论辩证法的范式变迁 [J]. 社会科学，2013(2):99–110.

[6] 韩志伟. 简论黑格尔辩证法的思辨结构 [J]. 社会科学战线，2003(5):227–229.

[7] 贺来. 辩证法研究的两种出发点 [J]. 复旦学报，2011(1):11–19.

[8] 贺来. 辩证法与形而上学：一个需要重新审视的哲学"对子" [J]. 吉林大学社会科学学报，2009(5):5–11，159.

[9] 君特·费伽尔. 论非同一物——阿多诺的辩证法 [J]. 谢永康，译. 求是学刊，2009(1):40–44.

[10] 刘放桐. 现代西方哲学的历史演变及发展趋势 [J]. 求是杂志, 2002(2) : 45–48.

[11] 孙承叔. 否定的辩证法与非同一性的哲学地位 [J]. 河北学刊, 2012(6) : 6–12.

[12] 孙利天. 现代哲学革命和当代辩证法理论 [J]. 哲学研究, 1994(7):42–49.

[13] 王凤才. 法兰克福学派:否定的辩证法的形成与发展 [J]. 山东大学学报, 1994 (1) : 89–95.

[14] 王天成, 曾东. 辩证法的三种形态——意见的逻辑、幻相的逻辑和思辨的逻辑 [J]. 社会科学战线, 2007(4):28–33.

[15] 吴晓明. 阿多诺对"概念帝国主义"的抨击及其存在论视域 [J]. 中国社会科学, 2004(3):42–52, 206.

[16] 吴晓明. 现代性批判与"启蒙辩证法" [J]. 求是学刊, 2004(4):16–19.

[17] 吴友军, 牛洪顺. 同一性批判:从否定的辩证法到肯定的辩证法——阿多诺 "否定的辩证法"新解 [J]. 哲学动态, 2013(4):30–38.

[18] 谢永康. 文化与启蒙——阿多诺的辩证文化观念 [J]. 求是学刊, 2010(3) : 16–22.

[19] 谢永康. 形而上学批判的不同路径——论阿多诺与海德格尔的根本性分歧 [J]. 哲学研究, 2005(11):102–107.

[20] 仰海峰. 否定的辩证法与批判理论的逻辑终结 [J]. 学习与探索, 2010(2) : 17–23.

[21] 于永坤. 解构与重建:阿多诺"否定的辩证法"理论目的解读 [J]. 理论探讨, 2008(6) : 61–64.

[22] 张盾. 辩证法与当代哲学的命运——评阿多诺对辩证法的重新诠释 [J]. 南京大学学报, 2004(4) : 5–12.

[23] 张亮. "阿多诺诞辰 100 周年纪念暨国际学术研讨会"综述 [J]. 哲学动态, 2004 (2) : 41–43.

[24] 张亮. "否定的辩证法"与尼采 [J]. 马克思主义与现实, 2002(5) : 82–87.

[25] 张亮. 国外阿多诺研究的历史、现状与模式 [J]. 哲学动态, 2001(3) : 40–44.

[26] 张文喜. 现代性的幻象:"同一哲学"与"主体哲学"批判——从马克思到阿多诺 [J]. 天津社会科学, 2001(5) : 9–16.

[27] 张一兵. 阿多诺:真正的哲学是反体系的 [J]. 江海学刊, 2001(2) : 82–84.

[28] 张一兵. 非同一性:否定的辩证法中的范畴星丛 [J]. 山东社会科学, 2001(5) : 37–41.

[29] 张一兵. 物化、异化及其观念反抗——阿多诺《否定的辩证法》解读 [J]. 哲学研究, 2001(6): 20–25, 80.

[30] 章忠民. 走出辩证法绝对同一性的阴影——从阿多尔诺对黑格尔辩证法的批判谈起 [J]. 深圳大学学报, 2000(10): 44–50.

[31] 谢永康. 形而上学经验还是否可能——试论否定辩证法的思辨动机 [J]. 社会科学战线, 2022(7): 34–41, 281.

▲学位论文类

[1] 包桂芹. 霍克海默、阿多诺启蒙辩证法研究 [D]. 长春: 吉林大学, 2008.

[2] 陈胜云. 星从: 理性的修复——阿多诺批判理论研究 [D]. 南京: 南京大学, 1999.

[3] 陈士部. 法兰克福学派批判理论的历史逻辑 [D]. 扬州: 扬州大学, 2008.

[4] 吴友军. 批判的人学——对阿多诺《否定的辩证法》的本质理解 [D]. 长春: 吉林大学, 2004.

[5] 于永坤. 传统辩证法的解构与批判辩证法的重建 [D]. 长春: 吉林大学, 2011.

[6] 张志芳. 霍克海默的理性批判研究 [D]. 上海: 复旦大学, 2012.

后记

　　本书是在博士论文的基础上修改出版而成，2014年毕业至今已八年光景，读博时的片段情境总会在我眼前浮现。三年的博士时光虽然短暂，但它是一次人生的历练，犹如一面镜子对自己的反射。记得在写博士论文期间，每天最兴奋的时刻就是夜晚的到来，因为在一天的劳作之后，夜晚是最富收获的时候，然后期待第二天的暖阳会迎来一个更好的清晨，就这样，每天往复着，经历着。直到论文即将赴印感受到了磨砺与泪水的洗礼，喜悦与收获的并存……如今此博士论文即将出版，心里仍然忐忑与兴奋。忐忑的是此著作虽然经过八年的沉淀，但拿给学界检验仍然心生惶恐。兴奋的是虽然我所从事的专业已改变，工作也转到艺术领域，但是我始终没有放下学哲学的心，在专业研究上起到了跨学科嫁接的作用。哲学一直深深地影响着我，因为它是我的根，已经变成我生命中无形的基因。同时，这部著作的出版也是对我哲学博士生涯的一个交代。

　　邵晓光老师是我的博士生导师，我在内心深处充满了对他的崇敬与感激。恩师治学严谨，为人正直、大度，这在学生心中树立起了难以超越的榜样。在学习过程中，从论文开题之始，恩师对论文题目的修改以及对论文的结构的安排都给予了精心的指导，不仅如此，恩师还为学生收集了许多写作的材料，使我在论文的写作过程中得心应手。恩师也会时常来电问询论文的写作与进展情况，直到论文的最终完成，恩师不厌其烦地进行修改，学生对此充满了无限的感激。在邵老师的指导与帮助之下，我收获着知识、收获着工作、收获着人生、收获着希望、收获着太多太多，不知为什么，时间久了就会感觉邵老师变成了自己的亲人，从开始的陌生到现在与邵老师的无话不谈。甚至在上海疫情非常紧张的时期，邵老师还时常来电嘘寒问暖，担心我封控期间饮食得不到保障，让我感受到了无限的温暖。另一个我要特别感谢的人是我的硕士导师叔贵峰老师，感谢叔老师在我论文写作过程之中倾注的心血与关怀。我还记得2008年读硕士，拜在叔老师的门下，是叔老师把我领进了哲学的大门，他的《西方哲学史》课程风趣幽默，使我百听不厌，现在回想起来，那段时光是我求学路途中最快乐的时光。从2008年开始认识叔老师，到现在已近十五年之久，令人不得不感叹时光的飞逝。当我遇到困难的时候，人生困惑的时候，叔老师总是让我感受到那么多真诚与温暖。同时，我还要感谢身边的同学和朋友，他们的陪伴让我的生活更加丰富多彩。佛说"无缘之慈悲"即友情，也就是说那是三种慈悲的一种，没有分别心。即使很久未见的好友，见了面也没有生疏感，我喜欢这种感觉和这样的朋友。最后，最应该感谢的是父母，无论做什么事情父母总是默默地支持着，是你们的陪伴让我顺利地完成了这部专著的创作。

博士论文的写作过程以及后续著作的修改补充过程虽然很痛苦、很寂寞，但总有一种让人牵肠挂肚的呼唤，让我无法割舍的感觉，那就是在痛苦之中塑造了自己，而最终所收获的是一个更好的自己。也许这就是生活给我带来的内心深处所向往的东西，虽然短暂却很完整，虽然寂寞但很幸福。

付 威

2022年10月